麹《うじ》の活用便利帳

小川聖子

青春新書
PLAYBOOKS

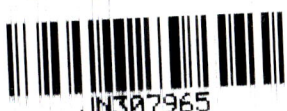

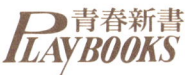

はじめに

おいしさと健康効果で、いま注目の「塩麹《しおこうじ》」。米を麹菌で発酵させた麹と塩とでできている、とてもシンプルな調味料です。

麹は、お米のでんぷんを糖に変えて優しい甘さを醸し出します。さらに、肉や魚などのタンパク質をやわらかく、ジューシーにしてくれる作用があって、塩麹に初めて出会う人たちにとっては、まさに〝新しい味〟と言えるかもしれません。

でも、実は昔から、塩麹によく似た食品が「寒こうじ」「三五八《さごはち》」といった名前で親しまれていたんです。そんな日本の伝統的な調味料が見直され、脚光を浴びているのは、日本の食文化の研究をしてきた私にとって、とても嬉しいことです。

そこで本書では、塩麹をさらに活用していただくために、和食はもちろん、洋食、中華、イタリアンからスイーツまで２２０のレシピをご紹介します。塩麹の力を借りているのですから、おいしいのは当たり前。できるだけ少ない食材で、ちゃちゃっと作れてバッチリ味が決まる、かんたんレシピばかりです。

塩麹がただの流行食材ではなく、あなたのキッチンになくてはならない定番調味料となりますように！

目次

第3章　揚げる

第4章 煮る

第5章 蒸す・レンジ

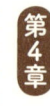

第6章 和える

第7章 漬ける

第8章 ご飯・めん

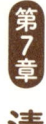

第9章 スイーツ

第10章 たれ・ドレッシング・ソース・ディップ

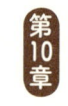

自家製塩麹を作ってみよう！

市販の塩麹も便利だけれど、麹さえ手に入れれば、自分でも簡単に手作りできます。乾燥麹を使うか生麹を使うかでも味は異なりますし、ベースとなっている米や麹菌にも多くの種類があるので、それによっても差が出ます。どんな自家製塩麹ができるかを楽しみに、いろいろ試してみてください。季節にもよりますが、1週間から10日ほどで完成します。

準備するもの

麹……………………………200g
塩……………………………60g
水……………………………300ml

①

麹と塩を手でよく混ぜる

麹と塩をボウルに入れる。板状の麹は事前に手で小さく折るようにしてパラパラにしておく。手で軽くこねるようにして、麹と塩をよく混ぜる。

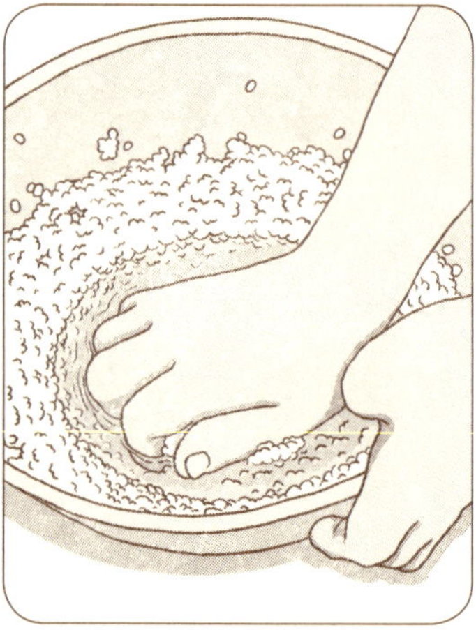

② 水を加え、さらに混ぜる

ボウルに水を足して、手ですりあわせるようにして混ぜる。塩がボウルの底にたまらないように、下の方からよくかき混ぜる。

③ 保存容器で熟成させる

保存容器に入れ、1日に1回かき混ぜながら、夏は1週間、冬は10日くらい熟成させる。麹がおかゆのようにとろとろになり、甘い香りがしてきたら完成。

熟成段階で二酸化炭素が出るので、保存容器は余裕のある大きさの物を選び、ふたを密閉しないこと。プラスチック製のふたが開きやすい容器に入れるか、ビンなどの場合には、ふたは閉めないで上に置くだけにすること。

調理法ごとのコツ

本書では、塩麹を使ったレシピを調理法ごとにご紹介しています。
なぜ、調理法ごとに分類してあるのかというと、
調理法によって塩麹の使い方や効果に差が出るからです。
これらの違いを知って、塩麹レシピを極めましょう！

焼く

材料を塩麹に漬けこんでから焼くと、塩味がつくだけではなく、麹の効果で、しっとりとして、弾力が出ます。塩麹の粒々は、焼くときには焦げやすいので、さっと手でしごき取ります。ペーパータオルで拭いてもいいでしょう。

炒める

塩麹は、うまみが強く、炒め物の味付けにも適しています。市販の、炊いてつぶした米が含まれているタイプを使う場合には、炒め物に加える際に、少量の水、酒などで、あらかじめやわらかく溶いてから加えましょう。

揚げる

塩麹は、油による高温調理によって、香りや風味がさらによくなります。肉などはある程度時間をかけて揚げると、より効果を発揮します。衣に加える場合は、粒々が焦げないようにすりつぶしてから加えましょう。粒々の部分がカリッとなるのが好きな方は、それを活かしてそのまま揚げ衣にしてもおいしく頂けます。

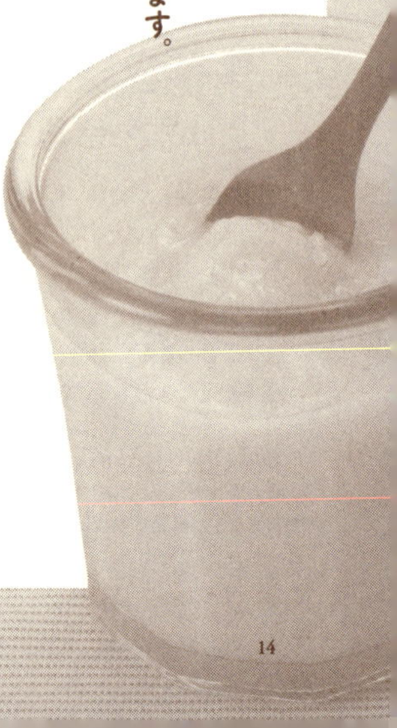

漬ける

塩麹の最大の力の一つは、野菜などを美味しく漬けることができる調味料だということ。ポリ袋を上手に使うと、食べたい分だけすぐに漬けられます。ペースト状の塩麹は、均一に伸びにくのですが、少しおくと自然に野菜の水分が出てきてなじんできます。加熱した魚や肉の漬け込みたれにも活用できます。

ご飯・めん

もともと、米を原料にした発酵調味料の塩麹ですから、ご飯や麺料理にもよく合います。料理に加えるときに、均一に伸びにくい場合には、少量の酒、油、酢などで溶いておくと使いやすくなります。

スイーツ

塩麹の自然な甘さ、こくは、スイーツにもピッタリです。粒々をスプーンの背などですりつぶしておいて、舌触りもなめらかに仕上げましょう。塩麹は、味噌と同じくらいの11％前後の塩分が含まれるので、少量を隠し味程度に使うのがコツです。

煮る

塩麹のうまみ成分が、“だし”の役目も果たしてくれます。また、素材をふんわり、しっとりと仕上げる効果も期待できます。早めの段階で加えて、材料と一緒にじっくり煮ることで、その効果を十分発揮させましょう。

蒸す・レンジ

蒸す料理では、塩麹によって、水分が材料内にとどめられるので、よりふんわりと仕上がります。外にまぶした塩麹は、蒸気でやわらかくなるので、ついたままでも構いません。

和える

塩麹は、しょう油や味噌の香り、酢やレモン汁の酸味などを足して和え物にすれば、こくや味わいがでます。塩麹にも含まれている塩分を考えて、味付けのバランスに注意して。時々味見をするとよいでしょう。また、和え物の中身は、水分で味が薄まらないように、水気をよく切ってから和えるようにします。

〈この本の表記について〉

白身魚のホイル焼き

1 → 材料

白身魚…2切れ

2 → 　塩麹…大さじ1 ← 3

　酒…小さじ2 ← 3

ねぎ…大1本

しめじ…1パック（100g） ← 4

5 → Memo

アルミホイルは、空気を含んだようにふんわりとした形にした上で、きちんと止めておく。フライパンに並べて湯少々を注ぎ、ふたをして蒸し焼きにしてもよい。

1 好みの白身魚に塩麹をすりこみ、1時間以上おく。

2 ねぎは斜め薄切りに、しめじはほぐす。

3 アルミホイルを40センチの長さに切り、縦長に置く。ねぎを並べ、その上に魚を置き、わきにしめじも置いて、酒をふりかける。

4 ホイルの上下を持ってたたみ、筒状になるようにする。さらに左右もたたむ。

5 オーブントースターで、約10分焼き、お好みでポン酢などを添える。

---

1 材料は特に表記がない場合、2人分です。

2 1マス下げたところに書いてある食材は上の段の食材の下味に使うものです。

3 大さじ1は15cc、小さじ1は5cc、1カップは200ccです。

本書では、平均的な塩分濃度（10～12％）の塩麹に合わせて、分量を設定してありますが、塩麹には、自家製も含めていろいろな塩分濃度のものがあります。お使いの塩麹によっては、このレシピの分量では味が薄い、濃いなどがあるかもしれません。最初は、調理途中で味見をしながら、塩麹の使用量を調整してください。

4 個数、本数などのあとにgを表示してある場合は、gを優先してください。

5 おいしくつくるためのコツや注意点などをまとめました。

第1章

焼く

手羽中の塩麹焼き

材料

手羽中…6本

　塩麹…大さじ1

　ニンニクのすりおろし…少々

　炒りゴマ…小さじ1

Memo

手羽中がない場合には、手羽先の先の部分を関節で切り取って使いましょう。

1 手羽中は、皮の裏側の骨と骨の間に、深く切れ目を入れる。

2 ニンニクのすりおろしと塩麹を混ぜ、**1**にすりつける。2時間以上置く。

3 余分な水分をふき取り、炒りゴマをふって、グリルかオーブントースターで、こんがりと焼く。フライパンで焼くときは、油少々をひき、皮の面から弱火でじっくりと焼く。途中でふたをして、中までしっかりと火を通す。

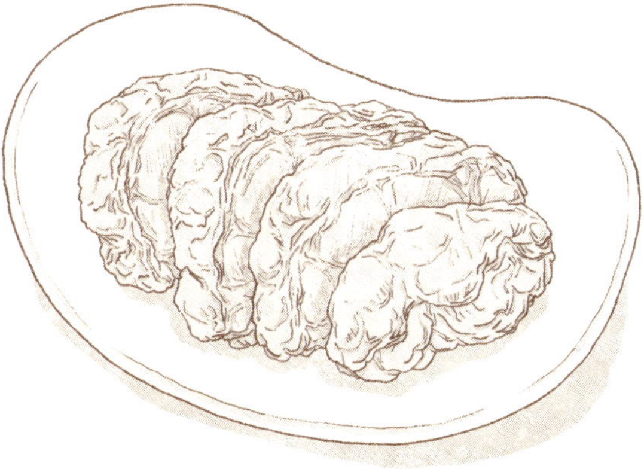

タンドリー風チキン

材料
鶏むね肉…大1枚
　塩麹…大さじ1
　カレー粉…大さじ1
　ヨーグルト…大さじ3
　ショウガ…小1かけ
　ニンニク…小1かけ
油…大さじ1

Memo
大きいままのむね肉でも作れます。その場合は漬ける時間をやや長めにし、焼く前に室温に戻してから焼きしょう。焼けたら、肉汁が落ち着くまで少しおいてから切ります。

1 塩麹、カレー粉、ヨーグルト、ショウガのすりおろし、ニンニクのすりおろしを混ぜ合わせる。

2 鶏肉は表面の水分をふき取り、大きめのそぎ切りにする。1をもみこんでポリ袋などに入れ、冷蔵庫で２時間〜一晩以上置く。

3 漬け汁をざっとふき取り、室温にしばらく出しておく。

4 フライパンに油を熱し、皮の面から入れ、こんがりと焼く。

5 返してさらに焼く。

塩麹だれのショウガ焼き

材料

豚肉ショウガ焼き用

肩ロース肉…200g

塩麹…小さじ1

小麦粉…少々

油…大さじ2

Ⓐ
- 玉ねぎのすりおろし…大さじ3
- 塩麹…大さじ1
- ショウガ…1かけ
- しょう油…小さじ1
- 水…大さじ2

きゃべつの千切り…適量

1 豚肉に塩麹をまぶして30分以上置く。

2 Ⓐを混ぜ合わせておく。

3 1に小麦粉をまぶし、油を熱したフライパンで、両面をこんがりと焼く。

4 フライパンの余分な油をふき取り、2を加えて強火で煮たて、たれを煮詰めて仕上げる。きゃべつの千切りを添える。

鶏もも肉のハーブ焼き

材料

鶏もも肉…大1枚
　塩麹…大さじ1
　粗びきコショウ…少々
　ローズマリー…少々
　パセリ…少々
　タイム、ベイリーフなど
　　好みのハーブ…適宜

1 鶏もも肉は6等分する。塩麹と粗びきコショウをもみこんでおく。

2 ローズマリー、パセリ、タイム、ベイリーフなどを大まかにちぎって貼り付ける。2時間～一晩以上置く。

3 グリルなどで、こんがりと焼く。オーブントースターやグリルを使ってもよい。

ジューシー照り焼きチキン

材料
鶏もも肉…大1枚
塩麹…小さじ2
油…大さじ1
Ⓐ
塩麹…小さじ2
しょう油…小さじ2
ショウガ汁…小さじ1
水…大さじ2

1 肉の表面の水分をふき取り、塩麹をすりこんで2時間以上置く。
2 Ⓐを混ぜておく。
3 1の水分をふき取る。油を熱し、皮目から入れてこんがりと焼く。返してさらに焼く。
4 両面が焼けたら、フライパンの油をペーパータオルなどでふき取り、2のたれを加えて強火で煮つめ、全体にからめる。
5 一口大に切る。

ねぎ入りつくねの塩コショウ焼き

材料

豚ひき肉…200g

Ⓐ
- 塩麹…小さじ2
- コショウ…少々

卵…1／2個

Ⓑ
- ねぎの粗みじん切り…1本分
- かたくり粉…大さじ2

かたくり粉…少々

油…大さじ3

塩コショウ…適宜

レモン…適宜

1 豚ひき肉は、冷たいうちにⒶを加えて粘りができるまで手早く練る。

2 卵を加えてなじむまで練る。Ⓑを加えてサッと混ぜ、冷蔵庫で30分以上休ませる。

3 6つに分け、丸めて平らにし小判形に整える。かたくり粉少々を全体にまぶす。

4 油を熱したフライパンで、片面ずつカリッと焼く。

5 油をよく切って盛りつけ、塩コショウ、レモンを添える。

ピーマンの肉詰め

材料

ピーマン…3～4個
豚ひき肉…200ｇ
　塩麹…小さじ1
　コショウ…少々
　玉ねぎ…1／2個
　卵…1／2個
　パン粉…大さじ4
小麦粉…少々
油…少々

1 ピーマンは縦半分に切って種を出す。

2 豚ひき肉は冷たいうちに塩麹とコショウを加えてもみ、粘りを出す。

3 溶いた卵、すりおろした玉ねぎを加え、なじんだらパン粉を加える。冷蔵庫で30分休ませる。

4 1の内側に小麦粉を薄くまぶし、3を詰めて表面を平らにする。

5 肉の面に小麦粉をまぶす。油を熱したフライパンに、肉の面を下にして並べ入れる。

6 中火で5～7分焼き、返してピーマンにも焼き目をつける。

肉巻き野菜の麹焼き

材料

豚肉しゃぶしゃぶ用薄切り
…200g（約20枚）
塩麹…小さじ1
アスパラガス…4本
にんじん…1／2本
Ⓐ
塩麹…大さじ1
水…大さじ2
しょう油…小さじ1
小麦粉…少々
油…大さじ2

Memo

アスパラガスは、下処理として、下の方の硬い部分を切り取り、さらに下半分の皮を皮むき器でむいておくこと。また、茹でてすぐ冷水に入れて冷ませば、食感がよくなります。

1 豚肉は広げてまんべんなく塩麹を塗っておく。

2 アスパラガスは、長さを半分に、にんじんも同じ長さに切り、アスパラガスよりも細めの棒状に切る。

3 湯をわかし、にんじんを茹で、ざるにあげ冷ます。同じ湯でアスパラガスも固めに茹でる。

4 Ⓐを合わせておく。

5 1で3をしっかりと巻き、手で押さえてなじませる。小麦粉を薄くまぶす。

6 熱したフライパンに油をひき、巻き終わりを下にして焼き始める。全体が焼けたら、油をふき取る。

7 4を加えて煮からめる。

塩麹入りさっぱり餃子

材料（20個分）

豚ひき肉…120g

Ⓐ
- 塩麹…小さじ2
- コショウ…少々

白菜…2枚

　塩…少々

ニラ…1／3束（30g）

　ゴマ油…小さじ2

餃子の皮…20枚

油…小さじ2

熱湯…適量

ゴマ油…小さじ2

Ⓑ
- 塩麹…小さじ1
- レモン汁…小さじ1
- 水…小さじ1
- ラー油…少々

Memo

時間があれば、2の餃子のタネは包む前に1時間ほど休ませましょう。

1 みじん切りにした白菜に塩少々をまぶし、しんなりしたら、しっかりと水気をしぼる。ニラは小口切りにする。

2 豚ひき肉にⒶを加えて粘りが出るまで練る。1も加えてよく混ぜ、最後にゴマ油小さじ2を加える。

3 餃子の皮に包む。油を熱したフライパンに並べ、焼き目がつくまで焼く。さらに熱湯を餃子がかぶるくらいまで注ぎ、ふたをして強火で5分蒸し焼きにする。

4 ふたを取り、水分がなくなって皮がパリッとしたら、ゴマ油小さじ2を回し入れて、さらにカリカリに焼く。

5 Ⓑを混ぜ合わせたたれを添える。

鮭の塩麹焼き

材料
生鮭…2切れ
　塩麹…大さじ1
大根おろし…適宜

1 鮭は表面の水分をふき取り、塩麹をまぶしつけて冷蔵庫で1日以上置く。

2 水分が出ていれば、再度ふき取り、魚の焼き網またはグリルで、両面をこんがりと焼く。大根おろしを添えて。

Memo

甘塩の塩鮭で作ってもおいしい。その場合は半日ほど置けばOK。冷蔵庫で3～4日は保存が可能で、お弁当にもピッタリ。塩麹をよくふき取れば、油少々をしいたフライパンでも焼けるし、ホイルに包んでホイル焼きにもできます。

ブリの照り焼き

材料

ブリ…2切れ

塩麹…小さじ1

油…大さじ1

Ⓐ 塩麹…小さじ2

　しょう油…小さじ2

　水…大さじ3

しし唐辛子…6本

1 ブリにまんべんなく塩麹をすりこんでおく。

2 しし唐辛子は縦に切れ目を入れておく。

3 Ⓐを混ぜ合わせておく。

4 1の水分をふき取り、油を熱し、盛り付けたときに上になる方から焼く。しし唐辛子も、同時にフライパンのすきまで焼く。

5 返して、少し焼く。しし唐辛子は途中で取り出す。

6 油をふき取り、3を加えて煮つめて照りを出す。

カジキマグロのチーズ焼き

材料

カジキマグロ…2切れ
　塩麹…大さじ1
コショウ…少々
小麦粉…少々
溶けるチーズ…大さじ5
ミニトマト…6個
ピーマン…3個
油…大さじ2

Memo

お好みで、チーズの上に粗びきコショウや、チリペッパーなどをふるとおいしい。

1 カジキに塩麹をすりこんで2時間以上置く。

2 ミニトマトはヘタを取り横半分に切る。ピーマンは縦半分に切り種を取る。

3 1の水分をふき、コショウをふり、小麦粉をまぶす。油を熱したフライパンで片面をこんがりと焼く。

4 返して、トマトとチーズをのせ、わきにピーマンも置いて、ふたをしてチーズが溶けるまで焼く。ピーマンに塩少々をふる。

白身魚のホイル焼き

材料

白身魚（鯛・スズキ・
　　タラなど）…2切れ
　塩麹…大さじ1
　酒…小さじ2
ねぎ…大1本
しめじ…1パック（100g）

Memo

アルミホイルは、空気を含んだようにふんわりとした形にした上で、きちんと止めておく。フライパンに並べて湯少々を注ぎ、ふたをして蒸し焼きにしてもよい。

1 好みの白身魚に塩麹をすりこみ、1時間以上おく。

2 ねぎは斜め薄切りに、しめじはほぐす。

3 アルミホイルを40センチの長さに切り、縦長に置く。ねぎを並べ、その上に魚を置き、わきにしめじも置いて、酒をふりかける。

4 ホイルの上下を持ってたたみ、筒状になるようにする。さらに左右もたたむ。

5 オーブントースターで、約10分焼き、お好みでポン酢などを添える。

アジのさんが焼き

材料
アジ…大3尾
塩麹…小さじ2
味噌…小さじ1
卵黄…1個分
ねぎのみじん切り…大さじ3
ショウガ汁…小さじ1
大葉…6枚
炒りゴマ…小さじ1
油…大さじ1

1 アジは3枚におろし、皮をむき、腹骨をそぎ取る。細かく刻む。

2 塩麹、味噌、卵黄、ねぎのみじん切り、ショウガ汁を加え、たたき混ぜる。

3 6等分して大葉にのせて平らにして炒りゴマをふりかける。

4 油を熱し、魚の面からこんがりと焼く。返して大葉の面もサッと焼く。

ほんのり塩麹風味の
ねぎ入り卵焼き

材料

卵…3個

塩麹…小さじ1

牛乳…大さじ3

ねぎのみじん切り

…大さじ3

油…少々

1 塩麹は、粒のあるタイプなら、スプーンなどで押しつぶしてなめらかにしてから、牛乳で溶く。ねぎのみじん切りも加えておく。

2 卵に **1** を加えて、白身を切るように、ごくざっくりと混ぜる。混ぜすぎない方が、焼き上がりがふんわりとなる。

3 油を熱し、**2** で卵焼きを作る。

油あげのねぎ塩麹包み

材料
油あげ…2枚
塩麹…小さじ2
ねぎ…1／2本
かつお節…2袋(6g)
炒りゴマ…小さじ2

Memo
フライパンで焼く場合には、油をひかずに弱火でじっくりと焼きましょう。辛子じょう油などをつけるとおいしい。

1 油あげは横半分に切り、中身を開いて袋状にする。

2 ねぎの小口切り、かつお節、ゴマを混ぜ、塩麹で和えておく。

3 **1** の袋の口を折り返して詰めやすくして、**2** を詰める。口の部分を元に戻して平らにし、楊枝などでとめる。

4 オーブントースター、または焼き網などでこんがりカリカリに焼く。

千切りじゃがいものパンケーキ風

材料

（16㎝のフライパン1個分）

じゃがいも…5～6個

パセリのみじん切り…少々

ニンニク…1かけ

Ⓐ 塩麹…小さじ2
　 コショウ…少々

油…大さじ2

Memo

じゃがいもを簡単に千切りにするには、スライサーがおすすめ。このレシピでは、じゃがいもは水にさらさないこと！

1 ニンニクはすりおろし、Ⓐと混ぜておく。

2 じゃがいもは皮をむき千切りにして、**1**とパセリのみじん切りを混ぜる。

3 油は半量の大さじ1を熱し、**2**を入れて表面を平らにする。ヘラなどで押しつけて、ふたをして蒸し焼きにする。

4 フライパンをゆすって動くのを確かめてから、大きめの皿などを当てて返す。

5 縁から残りの油を注いで回し、返した面もカリカリに焼く。

塩麹ソースのきゃべつグラタン

材料

きゃべつ…1／6個（150g）

Ⓐ
- 塩麹…小さじ1
- コショウ…少々

玉ねぎ…小1／2個

バター…大さじ2

小麦粉…大さじ3

牛乳…1と3／4カップ

ハム…2枚

塩麹…約小さじ1

コショウ…少々

バター…小さじ1

粉チーズ…小さじ1

1 きゃべつは一口大に切り、Ⓐをまぶして、ラップをして600Wの電子レンジで2分加熱しておく。

2 玉ねぎの薄切りをバターで炒めてしんなりしたら、小麦粉をふり入れ、さらに炒める。なじんだら牛乳を加え、中火でかき混ぜながら煮立ててとろみをつける。

3 1を加え、煮立ったら火を止めて、短冊に切ったハム、味をみて塩麹とコショウを加える。

4 グラタン皿に移し、小さくしたバターと粉チーズをちらし、オーブントースターでこんがりと焼く。

スパニッシュオムレツ

材料（16cmのフライパン1個分）
卵…6個
じゃがいも…2個
玉ねぎの薄切り
…1／4個分
5ミリの厚さに切ったマッシュルーム
…4〜6個分
バター…大さじ1
Ⓐ 塩麹…小さじ2
Ⓐ コショウ…少々
粉チーズ…大さじ2
油…大さじ2

1 じゃがいもはラップに包み、電子レンジで約5分加熱する。熱いうちに皮をむき、6〜7ミリの厚さに切る。

2 玉ねぎをバターで炒め、しんなりしたらマッシュルームも加えて炒める。1も加えてさらに炒める。

3 Ⓐを加え混ぜる。

4 溶き卵に熱い3を加え、粉チーズも加えて全体を混ぜる。

5 油を小さめのフライパンに熱し、4を一気に流す。強火のまま大きく混ぜて、全体が半熟になり、ふんわりとしたら火を弱め、ふたをして約5分、8割がた火が取るまで焼く。

6 大きめの皿などを当てて5を裏返し、フライパンに戻す。さらに3〜4分、片面もこんがりと焼く。

マッシュルームの塩麹バター焼き

材料

マッシュルーム…大10個
ニンニクのみじん切り…少々
パセリのみじん切り…少々
無塩バター…大さじ1
塩麹…小さじ1
コショウ…少々
パン粉…小さじ2

1 マッシュルームは軸の部分を小さなナイフなどでくりぬく。
2 ニンニク、パセリ、バター、塩麹、コショウを練り合わせる。
3 1のマッシュルームのくぼみに2をつめ、パン粉をふってオーブントースターで焼く。

第2章

炒める

豚肉ときゃべつの塩麹炒め

材料

豚肉切り落とし…200ｇ
　塩麹…小さじ1
　かたくり粉…小さじ1
きゃべつ…1／3個（300g）
油…適量
塩麹…小さじ2
コショウ…少々
ゴマ油…小さじ1

1 豚肉に塩麹をまぶす。かたくり粉もまぶしておく。

2 きゃべつは、葉の部分はざく切りに、芯は薄切りにしておく。

3 油大さじ1を熱し、**1**を広げ入れてカリッとなるまで焼きつける。

4 肉を取り出し、油少々を足し、きゃべつを加えて強火で炒める。

5 しんなりとしたら、肉を戻し、塩麹とコショウで味付けする。ゴマ油を加えて仕上げる。

牛肉とトマトのさっぱり炒め

材料

牛肉切り落とし…200g

　塩麹…小さじ1

　かたくり粉…小さじ1

油…適量

トマト…2個（400g）

ねぎ…1／2本

塩麹…小さじ2

1 トマトはくし形に切り、表面に出ている種を指で取っておく。ねぎは斜め薄切りにする。

2 肉に塩麹をもみこみ、かたくり粉もまぶしておく。

3 油大さじ1を熱し、**2**を加え、広げて焼く。フライパンに焼きつけるように炒めて、全体の肉の色が変わったら、油を残して取り出す。

4 油少々を足し、ねぎを炒め、トマトも加えてざっと炒める。**3**を戻し、塩麹を加えて炒め合わせる。

和風チンジャオロースー

材料

牛もも肉焼き用…200g
　塩麹…小さじ1
　コショウ…少々
　かたくり粉…小さじ1
　油…小さじ2
玉ねぎ…1／2個
ピーマン…4個（あれば
　うち1個は、赤ピーマン）
ニンニクの薄切り
　…小１かけ分
油…適量
Ⓐ オイスターソース…小さじ2
Ⓐ 塩麹…小さじ1
ゴマ油…小さじ1／2

1 牛肉は細切りにして塩麹とコショウをもみこみ、かたくり粉もまぶしておく。

2 玉ねぎとピーマンは、３ミリ幅の細切りにする。

3 1に油小さじ２を加えてほぐしておく。

4 油大さじ１を熱し、ニンニクを加え香りが出たら、3を加え、ほぐしながら炒める。肉の色が変わったら、油を残して肉を取り出す。

5 足りなければ油少々を加え、玉ねぎ、ピーマンの順に強火で炒める。

6 4の肉を戻し、Ⓐを混ぜたものを加えて炒め合わせ、ゴマ油を加えて仕上げる。

うま辛マーボー春雨

材料

豚ひき肉…100g
春雨…50g
干しえび…小さじ1
ニンニクのみじん切り
…1／2かけ分
ショウガのみじん切り
…小1かけ分
ねぎのみじん切り
…大1／2本分
豆板醤…小さじ1／2
Ⓐ 塩麹…小さじ2～3
しょう油…小さじ2
湯…1カップ
油…大さじ1
ゴマ油…小さじ1

1 干しえびはぬるま湯1/4カップにつけて戻す。

2 春雨は熱湯に5分つけて戻し、水洗いして食べやすい長さに切る。

3 Ⓐを混ぜておく。

4 油を熱し、ニンニク、ショウガ、ねぎの半量と干しえびを炒め、香りが出たら豚ひき肉を加えて炒める。肉がほぐれたら、豆板醤を加えて手早く炒める。

5 3を加え、煮立ったら、2を加える。混ぜながら水分を飛ばして煮つめる。

6 煮汁がなくなったら、残しておいた半量のねぎとゴマ油を加える。

塩麹豚のシンプル八宝菜

材料

豚肉の切り落とし…150g

　塩麹…小さじ1／2

　かたくり粉…小さじ1

油…適量

むきエビ…100g

ねぎ…1／2本

白菜…1／6個（200g）

うずらの卵…5～6個

Ⓐ
- 塩麹…小さじ2
- ガラスープの素…小さじ1／2
- 湯…1カップ

塩…少々

コショウ…少々

かたくり粉…大さじ1

ゴマ油…小さじ1

1 ねぎは薄切り、白菜は葉元と葉先とに分け、一口大に切る。エビは塩茹でしておく。

2 豚肉は塩麹をもみこみ、かたくり粉もまぶす。油小さじ1で炒めて取り出す。

3 油大さじ1を足し、ねぎと白菜の葉元を炒める。

4 Ⓐを混ぜたもの、白菜の葉先を加え、ふたをして約5分煮込む。

5 肉を戻し、うずらの卵、エビを加え、味をみて、塩、コショウを加える。

6 かたくり粉を倍量の水で溶いて加える。ゴマ油をかけて仕上げる。

かんたんエビチリ

材料

エビ…200g

Ⓐ
- 塩麹…小さじ1／2
- ショウガ汁…小さじ1／2

かたくり粉…小さじ3

ニンニク…1／2かけ

ショウガ…小1かけ

ねぎ…1／2本

油…大さじ1

豆板醤…小さじ1／2

Ⓑ
- 湯…1／2カップ
- 塩麹…小さじ1
- トマトケチャップ…大さじ2
- しょう油…小さじ1

かたくり粉…小さじ1

ゴマ油…小さじ1／2

1 エビは洗って水分を拭き取り、殻をむく。もう一度水分を取って、Ⓐをもみこみ、かたくり粉もまぶしておく。

2 ニンニク、ショウガ、ねぎをみじん切りにしておく。

3 油を熱し、1を並べ入れる。両面を色が変わるくらいに焼く。油を残して取り出す。

4 ニンニク、ショウガ、ねぎの半量を加えて炒める。香りが出たら、残り半量と豆板醤も加えて炒める。さらにⒷを加えて煮立てる。

5 3を戻し、倍量の水で溶いたかたくり粉でとろみをつける。仕上げにゴマ油を回しかける。

イカわた炒め

材料

するめイカ…大1杯
塩麹…小さじ2
しょう油…小さじ1
油…大さじ1
ねぎ…1本

1 イカは、わたを出す。大さじ２杯分のわたに、塩麹としょう油を加えて混ぜておく。

2 イカの皮をむき、食べやすい大きさの短冊切りにする。

3 油を熱し、イカの身を強火でさっと炒める。

4 1 を加えて、からめるように炒める。

5 ねぎの小口切りを加え、さっと炒め合わせる。

Memo

わたが味の決め手になるので、鮮度のいいイカを選びましょう。

あさりのニンニク麹炒め

材料

殻つきあさり…250g
オリーブ油…小さじ2
ニンニク…1かけ
パセリ…1枝
塩麹…小さじ1
水…大さじ2

1 あさりは海水くらいの塩水につけて、暗くして砂抜きする。食べる直前に、殻ごとゴシゴシとこすり合わせて洗う。

2 塩麹はすりつぶして水を加えておく。パセリは、細かくちぎっておく。

3 ニンニクを薄切りにする。

4 ニンニクと油を熱し、香りが出たらあさりを加えて炒める。**2** を入れてふたをして、あさりの口が開くまで蒸し煮にする。

大葉が香るほたての塩麹炒め

材料

ボイルほたて
…6～8個（200g）
大葉…20枚
油…小さじ2
塩麹…小さじ2

1 ほたては、ひものわきについているわたを取り去り、大きければ半分に切る。
2 大葉は大きくちぎる。
3 油を熱し、1 を炒める。
4 塩麹を加えて炒め合わせる。2 を加えてさっと和え、火を止める。

Memo

ほたての代わりに、イカのげそや、茹でたタコなど、火の通っているものを使っても手早くできます。また、前の晩の鍋物で残った、火の通った魚や肉でもOK。

青菜と桜エビの塩麹炒め

材料

小松菜…1／2束～2／3束（200g）

桜エビ…大さじ1

油…大さじ1

塩麹…小さじ2

1 小松菜は、4センチくらいの長さに切る。下の方は細かくほぐしておく。

2 油を熱し、1と桜エビを炒める。

3 しんなりとしたら、塩麹を加えて炒め合わせる。

Memo

桜エビの代わりに、ひき肉50gを炒めて同様に作ってもよい。仕上げに、かたくり粉小さじ1を倍量の水で溶いて加えると、さらにgood。

ふわとろカニ玉

材料

卵…4個

カニの身（缶詰め、冷凍など）…60g

ねぎ…1／2本

たけのこ（ボイルしたもの）…30g

油…適量

塩麹…小さじ2

コショウ…少々

Memo

あんかけにしたい人は、P.51のあんの作り方を参考に。

1 カニの身はほぐして軟骨を取っておく。

2 ねぎは縦半分に切り、斜め薄切りにする。たけのこは千切りにする。

3 油小さじ２でねぎを炒め、しんなりとしたら、たけのこも加えて炒める。塩麹で味付けし、すぐに卵に加え、**1**も加えてざっと混ぜる。

4 油大さじ２を強火で熱し、**3**を一度に流し入れる。大きく混ぜて半熟になったら、少しそのまま焼いてから返し、片面もさっと焼く。

炒り卵の甘酢あんかけ

材料

卵…4個

　塩麹…小さじ1／2

　牛乳…大さじ3

　コショウ…少々

油…大さじ2

Ⓐ
- 塩麹…小さじ1／2
- しょう油…小さじ1
- 湯…1／2カップ
- 酢…小さじ2
- かたくり粉…小さじ1

ゴマ油…小さじ1

万能ねぎ…3本

Memo

ご飯にのせて、卵あんかけ丼にしてもおいしい。

1 あんの材料Ⓐを小鍋に入れて合わせておく。

2 万能ねぎは斜め薄切りにしておく。

3 塩麹をスプーンですり合わせて粒を細かくして、牛乳を混ぜておく。

4 卵に**3**を加えて白身を切るようにざっと混ぜる。油を強火で熱し、フライパンに一気に流して、大きく混ぜて半熟状になったら、温めた皿に取る。

5 **1**を煮立ててとろみをつけ、ゴマ油と**2**を加えて**4**にかける。

麹漬け豆腐の ゴーヤーチャンプルー

材料

もめん豆腐…2／3丁（200g）

　塩麹…小さじ2

ゴーヤー…1／2個

卵…2個

油…適量

塩麹…小さじ1

コショウ…少々

かつお節…大さじ3

1 豆腐は3センチ角1センチの厚みに切る。ペーパータオルに広げ、上に塩麹を塗りつけて1時間以上置く。

2 ゴーヤーは種を取り除き、5ミリ幅に切る。

3 油大さじ2を熱し、**1**を炒め焼く。両面こんがりとしたら、油を残して取り出す。

4 油少々を足し、ゴーヤーを炒める。塩麹を加えて炒め、**3**を戻し炒め合わせる。

5 卵をざっと溶いて加え、コショウ少々をふり、かつお節をちらす。

ふわふわ炒り豆腐

材料

もめん豆腐…1／2丁
（150g）

鶏ひき肉…50g

ねぎの小口切り
…1／2本分

にんじん…5センチ長
（50g）

しいたけ…3枚

インゲン…10本

油…小さじ2

塩麹…大さじ1

しょう油…小さじ2

卵…1個

1 にんじん、しいたけは粗みじん切りにする。インゲンは茹でてから、小口切りにする。

2 たっぷりの湯で、大まかにちぎった豆腐を茹でる。静かにざるにあげ、水気を切っておく。

3 油を熱し、ねぎを炒め、ひき肉も加えてパラパラになるまで炒める。にんじん、しいたけも加えて炒める。

4 豆腐も加えて炒め、塩麹、しょう油を加えて炒りつける。

5 水分が少なくなったら、インゲンと溶いた卵を加えて炒め合わせる。

ブロッコリーのニンニク麹炒め

材料

ブロッコリー…大1／2個
ニンニク…1かけ
塩麹…小さじ2
水…大さじ1
油…大さじ1

1 ブロッコリーは小房に分ける。茎の部分は皮をむいて5ミリの厚さに切る。ニンニクはみじん切りにする。

2 塩麹はつぶして、水でのばしておく。

3 油を熱し、ブロッコリーの茎を加え、油を回して房の部分も加える。油が全体に行き渡ったら、水少々（分量外）をふりかけ、ふたをして蒸し炒めにする。時々混ぜて、焦げつきそうなら水少々をふり、やわらかくなるまで炒める。

4 ニンニクを加え、香りが出るまで炒めたら、**2** を加えて炒め合わせる。

白菜のとろとろ炒め

材料

白菜…1／6個（200g）
ねぎ…1本
ほたて（缶詰）…小1缶
油…大さじ1
塩麹…小さじ2～3
湯…1カップ
コショウ…少々
かたくり粉…小さじ2
ゴマ油…小さじ1／2

1 白菜は葉元と葉先に分け、葉先はざく切り、葉元は1センチ幅の棒状に切る。ねぎは斜め薄切りにする。

2 油でねぎを炒め、しんなりとしたら、白菜の葉元も炒める。十分に炒め、白菜の水分が飛んだら、ほたての缶汁、塩麹、湯、白菜の葉元を加え、ふたをして約10分、くたくたになるまで煮る。

3 味をみて、必要であれば塩麹少々を足し、コショウを加える。

4 かたくり粉を倍量の水で溶いて様子を見ながら加え、ゴマ油を回しかける。

ワカメとねぎの塩麹炒め

材料

カットワカメ…大さじ3
ねぎ…1本
油…小さじ2
塩麹…小さじ2
炒りゴマ…小さじ1
粗びき黒コショウ…適宜

1 ワカメは水につけて戻し、水分をしっかりとしぼっておく。

2 ねぎは縦半分に切り、斜め薄切りにする。

3 油を熱し、ねぎを炒めしんなりとしたら、1のワカメも加えてさらに炒める。

4 塩麹を加えて炒め合わせ、炒りゴマをふりかけて仕上げる。お好みで粗びき黒コショウもふる。

3種キノコのバター麹炒め

材料

しめじ…1パック（100g）
えのき…1パック（100g）
エリンギ…1パック（100g）
バター…大さじ1と1／2
塩麹…小さじ2
しょう油…小さじ1／2
コショウ…少々

1 しめじは、ほぐしておく。えのきは、下の方を切り取り、半分の長さに切る。エリンギは、1センチの厚さに切って、細切りにする。長さは長ければ切っておく。

2 フライパンにバターを溶かし、塩麹を加えて**1**も入れ、全体にからむように炒める。

3 ふたをして、きのこから水分を出すように蒸しながら炒める。しんなりとしたら、しょう油とコショウで仕上げる。

ミニトマトのジューシー炒り卵

材料

卵…3個

塩麹…小さじ1／2

油…適量

ミニトマト…12 ～ 16個（250g）

塩麹…小さじ1

1 卵に塩麹を加えてざっと混ぜる。

2 油大さじ１を強火で熱し、**1**を流し入れ、大きく混ぜて半熟状になったらすぐに取り出す。

3 洗ってヘタを取ったミニトマトの水分をよくふきとって加え、油小さじ２で炒める。塩麹を加えて味付けし、卵を戻して炒め合わせる。

セロリときゅうりのちゃちゃっと炒め

材料

セロリ…1本
きゅうり…大1本
油…大さじ1
赤唐辛子…1／2本
塩麹…小さじ2

1 セロリは筋を取り、斜め1センチ幅に切る。きゅうりは縦半分に切り、小さなスプーンで種をすくい取り、斜め1センチ幅に切る。

2 油と赤唐辛子を弱火にかけ、香りが出たら、強火にして**1**を加えてさっと炒める。

3 油が全体に回ったら、塩麹を加えて仕上げる。

Memo

きゅうりの種を取ると、火の通りがよくなります。炒め過ぎないように注意しましょう。少し冷めたほうが味が落ちつきます。

レタスの塩ゴマ油炒め

材料

レタス…約1／2個（200g）
ショウガ…1かけ
ゴマ油…大さじ1
塩麹…小さじ2

Memo

火を通しすぎないように注意して、レタスの食感を残しましょう。

1 レタスは洗って、表面の水分をよくふき、ごく大まかにちぎっておく。ショウガは薄切りにする。

2 ゴマ油を熱し、ショウガを加え、すぐにレタスも入れる。

3 全体に油が回るまで炒め、最後に塩麹を加えてサッと炒め合わせる。

第3章

揚げる

塩麹風味のカリッと唐揚げ

材料

鶏もも肉…300g

　塩麹…大さじ1

　ショウガ汁…小さじ2

　かたくり粉…適量

　揚げ油…適量

Memo

高温の油に肉を入れるときには、蒸気が上がるので注意しましょう！

1 鶏もも肉は大きめの一口大に切る。塩麹とショウガ汁を合わせて、2,3時間から一晩漬けこむ。

2 ペーパータオルなどで水分をざっとふき取り、かたくり粉をまぶす。

3 150度に熱した油で、4分揚げる。

4 一度取り出して、油の温度を高め、190度で30秒から1分、表面がカリッとなるように二度揚げする。

さくさくチキンカツ

材料

鶏もも肉…300g（大1枚）
　塩麹…大さじ1
　コショウ…少々
小麦粉…適量
溶き卵…適量
パン粉…適量
揚げ油…適量

Memo

油にさいばしを入れて、細かな泡がしゅっと出るくらいが、中温の目安です。

1 鶏もも肉は縦横に等分して4枚にする。塩麹とコショウをまんべんなくまぶす。2,3時間から一晩漬ける。

2 ペーパータオルなどで水分をふき取り、小麦粉、溶き卵、パン粉の順にまぶす。パン粉は生パン粉でもドライでもお好みで。

3 170度くらいの中温で、3,4分かけてこんがりと揚げる。

牛ひき肉のポテトコロッケ

材料
じゃがいも…大2個
牛ひき肉…100g
玉ねぎ…1／2個
油…大さじ1
塩麹…小さじ2
コショウ…少々
小麦粉…適量
溶き卵…適量
パン粉…適量
揚げ油…適量

1 玉ねぎは粗みじんに切り、透き通るまで油で炒める。ひき肉も加えてパラパラになるまで炒め、塩麹とコショウを加える。
2 じゃがいもは皮をむき、8等分して鍋に入れ、水をかぶるくらいに加える。中火にかけ、いもの角が取れるくらいまで、やわらかく茹でる。
3 湯を捨てて、再び火にかけ、鍋をゆすりながら水分を飛ばして粉吹きいもにする。手早くつぶす。
4 熱々のうちに **1** を加え、よく混ぜる。4等分して丸め平らに整え、完全に冷ます。
5 小麦粉、溶き卵、パン粉の順に衣をつける。170度の油でこんがりと揚げる。

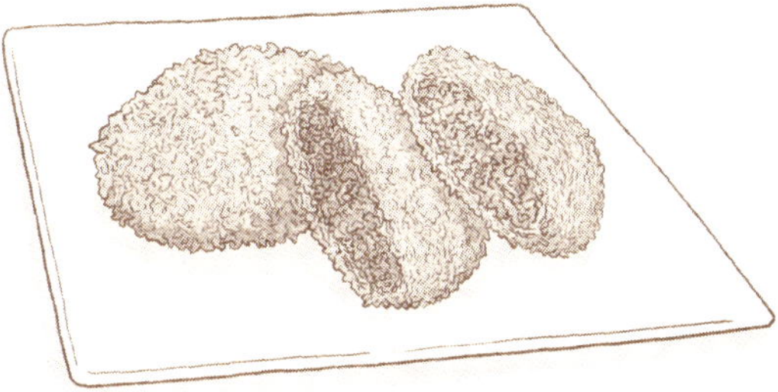

塩麹肉のジューシーメンチカツ

材料

合いびき肉…200g
　塩麹…小さじ2
　コショウ…少々
玉ねぎ…小1個
油…小さじ2
卵…1／2個
パン粉…大さじ3
小麦粉…適量
溶き卵…適量
パン粉…適量
揚げ油…適量
きゃべつ…適量

Memo

おいしく仕上げるコツは、肉が冷たいうちに練ること。温かくなって脂が溶け出すと、ジューシーさが損なわれるので気をつけましょう。

1 玉ねぎをみじん切りにして、油で炒める。透き通ったら、冷ましてさらに冷蔵庫で冷やしておく。

2 合いびき肉は、冷たいうちに塩麹とコショウを加え、粘りが出るまで手早く練る。1と卵を加えさらに混ぜる。パン粉を加えてさらに混ぜ、冷蔵庫で1時間以上休ませる。

3 6等分にして丸め、小判形に整える。小麦粉、溶き卵、パン粉の順に衣をつける。

4 170度の油で、中まで火が通るようにしっかりと揚げる。

3種野菜の塩かき揚げ

材料
ごぼう…1／3個（50g）
にんじん…5センチ長（50g）
玉ねぎ…1／2個（100g）
塩麹…小さじ2
溶き卵…1／2個分
冷水…適量
小麦粉…1／2カップ強
桜エビ…大さじ3
炒りゴマ…小さじ1
揚げ油…適量

Memo
うまく揚げるコツは、大きめのスプーンなどですくい、できるだけ平らになるように、そっと油に入れ、固まるまで触らないこと。

1 ごぼうは縦半分に切って斜め薄切りに。にんじんは細めの短冊切り、玉ねぎは3ミリ幅の細切りにする。

2 塩麹、溶き卵、冷水を合わせて、2分の1カップになるようにして、ボウルにうつす。小麦粉をふり入れてさっと混ぜる。

3 1と桜エビとゴマを混ぜ合わせ、小麦粉大さじ2（分量外）を加えて全体にまぶす。2の衣と合わせてざっくりと混ぜる。

4 中温の油で、3～4分かけて揚げる。表面が硬くなってきたら返しながら揚げる。お好みでレモン塩麹だれ（P.198）をつけて。

塩麹きゃべつのチーズ春巻き

材料（10本分）
きゃべつ…1／3個（300g）
　塩麹…小さじ2
　粗びきコショウ…少々
　かたくり粉…小さじ2
スライスチーズ…10枚
春巻きの皮…10枚
小麦粉…大さじ1
水…大さじ1
揚げ油…適量

Memo
春巻きの皮は、一巻き目はギュッと巻いて左右を折り、あとはゆったりとクルクルと巻く。

1 きゃべつは3ミリ幅の細切りにして、塩麹をまぶして10分以上置く。

2 チーズは縦3分の1に折りたたむ。

3 春巻きの皮は1枚ずつにはがす。

4 1の水分をしっかりとしぼり、コショウを混ぜる。さらにかたくり粉をまぶし、10等分して、春巻きの皮に置き、チーズをのせる。

5 春巻きの皮を巻き、小麦粉を水で溶いたのりをつけてしっかりととめる。

6 170度の油で、6～7分かけてしっかりと揚げる。油をよく切る。

塩麹豚の揚げワンタン

材料（20個分）
豚ひき肉…100g
　塩麹…小さじ1
　ねぎのみじん切り
　　…1／2本分
ワンタンの皮…20枚
揚げ油…適量

1 豚ひき肉に塩麹を加えて練り、ねぎのみじん切りも加える。
2 ワンタンの皮の中心に**1**を適量置き、空気を追い出すように包み、水をつけてしっかりととめる。
3 170度の油に入れてカリッと揚げる。油をよく切り、お好みでケチャップ塩麹だれ（P.197）をつけて。

牛肉の塩麹天ぷら

材料

牛肉切り落とし…250g
　塩麹…大さじ1
　ニンニクのすりおろし
　　…1／2かけ分
小麦粉…大さじ3～4
揚げ油…適量

1 牛肉にニンニクのすりおろしを加えた塩麹をまぶして、1時間程度置く。

2 ざっと8等分して、ふんわりと丸める。

3 全体にしっかりと小麦粉をまぶす。

4 中温の油で、2～3分こんがりと揚げる。

Memo

牛肉なので、余熱が入ることも考えて、揚げすぎないようにしましょう。

小エビのさくさく衣揚げ

材料

小エビ（殻つき）…230g

　塩麹…小さじ1

小麦粉…適量

塩麹…小さじ1

溶き卵…大さじ2

牛乳…大さじ3

小麦粉…1／2カップ

青のり…小さじ2

揚げ油…適量

1 小エビはさっと洗って水分をしっかりとふき取る。殻をむき、塩麹をまぶして、しばらく置く。

2 衣用の塩麹小さじ１は、スプーンの背などですりつぶし、溶き卵と牛乳を加えてよく混ぜる。小麦粉１／２カップをふるい入れさっと混ぜる。青のりも加える。

3 1 に小麦粉をまぶし、2 の衣をくぐらせ、170 度の油で揚げる。

白身魚のさつま揚げ

材料

アジまたはイワシ
…2～3尾（150g）
＊お好みの白身の魚でも

塩麹…小さじ2

卵…1／2個

にんじん…5センチ長（50g）

ごぼう…1／5本（30g）

小麦粉…大さじ2

揚げ油…適量

1 魚は3枚におろし、皮と骨を取り、細かく刻む。さらに叩いて、すり身状にする。

2 塩麹と卵を加えてよく混ぜる。フードプロセッサーを使う場合は、全部入れて一気に回す。

3 ボウルにあけ、にんじんとごぼうの千切りに小麦粉をまぶしたものを加えて、全体を混ぜる。6等分して丸め、平らにする。手に水少々つけると形を整えやすい。

4 170度の油で、4～5分かけてしっかりと揚げる。

第4章

煮る

シンプル肉じゃが

材料

牛肉切り落とし…100g
じゃがいも…3個
玉ねぎ…1個
油…大さじ1
昆布…5センチ角
塩麹…小さじ2
湯…1カップ
砂糖…小さじ2
しょう油…小さじ2

Memo

水にさらしておいたじゃがいもは、炒める前にしっかり水分をふき取りましょう。

1 じゃがいもは皮をむき4等分して水にさらす。玉ねぎはくし形に切る。

2 油で牛肉を炒める。

3 続いて **1** も加えて炒める。

4 油が回ったら、9等分に切った昆布、塩麹、湯を加えて、ふたをして煮る。

5 約10分、じゃがいもがほぼやわらかくなったら、砂糖を加えてさらに5分煮る。

6 しょう油を加えて、全体を返しながら煮からめて仕上げる。

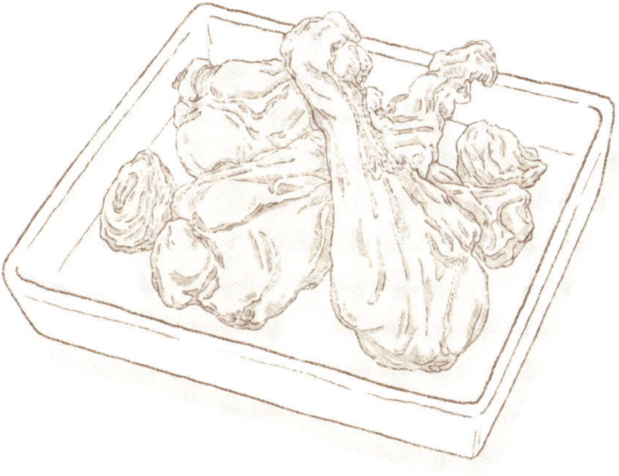

手羽元の梅酒煮

材料（4人分）
鶏手羽元…12本
梅酒の梅…大3個
ショウガ…1かけ
油…大さじ1
梅酒…1／2カップ
湯…1と1／2カップ
塩麹…大さじ1
しょう油…小さじ2

1 梅酒の梅は、くぼみの部分にぐるりと包丁を入れて種を外しておく。

2 ショウガは薄切りにする。

3 油を熱し、鶏肉の皮の部分からこんがりと焼き、フライパンに出てきた油をふき取る。**1**、**2**、梅酒と湯、塩麹を加えふたをして約25分、水分がほとんど無くなり、肉がやわらかくなるまで煮る。

4 しょう油を加えて全体を煮つめ、つやを出す。

こくうま煮込みハンバーグ

材料

合いびき肉…250g

Ⓐ 塩麹…小さじ2
　 コショウ…少々
　 ナツメグ…あれば少々

玉ねぎ…小1個
卵…小1個
パン粉…大さじ6
小麦粉…適量
油…大さじ5
セロリ…1／2本
にんじん…1／2本
塩麹…小さじ2
湯…1カップ
ケチャップ…大さじ2
ウスターソース…大さじ1
しょう油…小さじ1
塩…少々
コショウ…少々

1 合いびき肉にⒶを加えて粘りが出るまで練る。みじん切りにした玉ねぎ、卵を加えてよく混ぜる。パン粉を加えてサッと混ぜ、冷蔵庫で1時間休ませる。

2 等分して丸め、小判形に整える。小麦粉をまぶす。

3 油を熱したフライパンで中火でこんがりと焼く。

4 返してさらに2～3分焼いたら、フライパンの油をふき取り、薄切りにしたセロリと短冊切りにしたにんじんを加える。

5 塩麹、湯、ケチャップ、ウスターソースを加えてふたをして5～7分煮込む。

6 味をみて、しょう油、塩、コショウで味を調える。

ミートボールスープ

材料（2～3人分）

合いびき肉…150g

Ⓐ
- 塩麹…小さじ2
- コショウ…少々

　卵…小1個

　パン粉…大さじ2

玉ねぎ…小1個

にんじん…小1本

きゃべつ…1／8個

ベイリーフ…1枚

水…3カップ

塩麹…小さじ2

しょう油…小さじ1

塩…少々

コショウ…少々

1 合いびき肉にⒶを加え、粘りが出るまでよく練る。卵を加え、なじんだらパン粉を加え、冷蔵庫で30分以上休ませる。8等分して丸めておく。

2 玉ねぎは芯をつけたまま、縦4分の1のくし形に切る。にんじんは1センチの厚さの輪切りに、きゃべつはざく切りにする。

3 にんじん、ベイリーフ、水を弱火にかけて煮立てる。5分ほど煮たら、玉ねぎも加える。さらに煮立ったら、火を強め、水分の部分に**1**を落とし、塩麹も加える。

4 きゃべつも加え、約5分煮る。しょう油を加え、塩コショウで味を調える。

肉豆腐

材料

豚肉切り落とし…150ｇ

きぬごし豆腐…1丁

ねぎ…大1本

昆布…10センチ角

塩麹…大さじ1

湯…適量

しょう油…大さじ1

1 きぬごし豆腐は、4等分して小さめの鍋に入れる。9等分した昆布、塩麹とひたひたの湯を加え、火にかける。

2 煮立ったら、肉を鍋の中の汁気のある部分にほぐしながら入れる。

3 さらに、ねぎの薄切りとしょう油を加え、弱火で約15分煮ふくめる。

ゆで豚の塩麹からめ

材料

豚肉しゃぶしゃぶ用
薄切り…250g

Ⓐ
- 塩麹…小さじ2
- しょう油…小さじ1
- ショウガ汁…少々
- 粒マスタード…小さじ2
- オリーブ油…大さじ1

玉ねぎ…1／2個

1 玉ねぎは薄切りにする。

2 Ⓐの調味料を混ぜておく。

3 玉ねぎの切れ端少々を加えた湯をわかし、しゃぶしゃぶ肉を茹でる。

4 湯を切り、熱いうちに**2**、**1**を混ぜてよく合える。

5 粗熱が取れたら完成。

Memo

茹で汁に玉ねぎの香りをつけることで肉がおいしくなります。

牛すね肉と大根のスープ煮

材料（4人分）

牛すね肉…600ｇ
大根…1本（800ｇ）
ねぎ…4本
湯…7と1／2カップ
塩麹…大さじ1

Memo

塩コショウや柚子コショウ、辛子じょう油などをつけていただきましょう。

1 牛すね肉は8等分する。

2 大根も8等分する。米のとぎ汁などでかために茹でておく。よく洗って、ぬめりを取る。

3 ねぎは5センチの長さのぶつ切りにする。

4 湯に、ねぎの青い部分などを加えて煮立てる。肉と塩麹を入れて約2時間煮る。

5 大根とねぎを加えてさらに20分煮る。

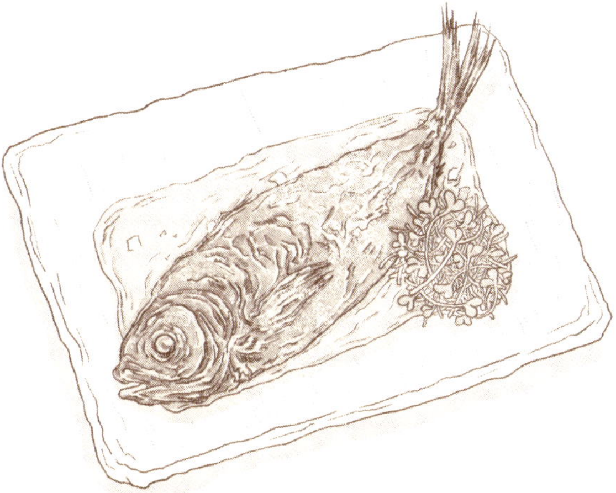

アジの塩麹煮

材料

アジ…2尾
　塩麹…小さじ1
砂糖…大さじ1～2
湯…1カップ
塩麹…小さじ2
しょう油…大さじ1
昆布…5センチ角
かいわれ菜…1パック

1 アジは腹わたを取り除き、ゼイゴを取り、洗って水分をふく。塩麹をまぶして2時間以上置く。

2 昆布は1センチ角にカットする。

3 砂糖、湯、塩麹を煮立てて、1を加える。

4 落としぶたをして7分煮たら、しょう油を加え5分煮る。

5 鍋のわきに、かいわれ菜を加えてサッと煮る。

麹漬け魚介のブイヤベース

材料

鯛などの白身の魚…1切れ
　塩麹…小さじ1
ハマグリ…6個
　塩麹…小さじ1
エビ…6尾（あれば殻付き）
トマト…1個
サフラン…1つまみ
　湯…大さじ1
ニンニクのみじん切り
　　　　　　…1かけ分
オリーブ油…大さじ1
玉ねぎのみじん切り…1／2個分
塩麹…小さじ2
湯…2カップ
しょう油…小さじ1
塩…少々
コショウ…少々

1 鯛は半分に切って塩麹をまぶして2時間以上置く。ハマグリは砂出しをし、よく洗う。エビは長いひげを切り取り、よく洗う。

2 トマトはフォークなどに刺し、皮を火にかざして熱し、冷水に取って皮をむいてから、1センチ角に切る。サフランは湯につける。

3 ニンニクとオリーブ油を弱火にかけ、香りが出たら玉ねぎを加え、しんなりするまで炒める。

4 湯、2、塩麹を加えて煮たてる。鯛、エビ、ハマグリの順に、少しずつ時間をおいて加えてゆく。

5 しょう油、塩、コショウで味を調える。

イカと大根の麹味噌煮込み

材料

イカ…大1ぱい
大根…2／3本（500ｇ）
Ⓐ 塩麹…小さじ2
Ⓐ ショウガの薄切り…1かけ分
塩麹…大さじ1
味噌…大さじ1～2
あれば大根の葉の部分…少々

1 イカは皮をむき、輪切りに。足はよくしごいて吸盤を取り、食べやすく切る。

2 大根の葉は、茹でて冷水に取り水分をしぼって食べやすく切る。

3 大根は皮をむき、一口大の乱切りにして、ほぼ火が通るまで茹でる。

4 1、Ⓐをかき混ぜながらイカの色が変わるまで煮る。水分を残して取り出す。

5 4の鍋に、茹でた大根、ひたひたよりもやや少なめの湯、塩麹、半量の味噌を加えて火にかけ、約15分煮る。

6 イカを戻し、残りの味噌を溶き入れてさらに2～3分煮る。大根の葉を加えて一煮する。

里芋の煮っころがし

材料
里芋
…中5～7個（350ｇ）
牛肉…150ｇ
コンニャク…200ｇ
ねぎ…2本
塩麹…大さじ1
しょう油…小さじ2
七味唐辛子…お好みで

1 里芋は洗って、新聞紙などの上で表面を乾かしておく。
2 コンニャクは一口大にちぎり、水を加えてグラグラと5分ほど煮て、茹でこぼす。ねぎは薄切りにする。
3 1の皮をむき、さっと洗って、ひたひたの水を加えて煮たてる。コンニャクと塩麹も加え、7～8分煮る。
4 しょう油と牛肉、ねぎを加えてさらに10分煮る。好みで七味唐辛子をふる。

じゃがいもとうずらの卵の クリーム煮

材料

じゃがいも…3個
玉ねぎ…1／2個
油…小さじ2
うずらの卵…10個
水…1カップ
塩麹…小さじ2
生クリーム…1／4カップ
パセリ…1枝
塩…少々
コショウ…少々

1 玉ねぎは1センチ角に切り、油でしんなりとなるまで炒める。

2 うずらの卵は茹でて殻をむいておく。

3 水、皮をむいて一口大に切ったじゃがいもを加えてふたをして約10分煮る。

4 塩麹を加えてさらに5分煮る。

5 生クリームと茹でたうずらの卵を加えて弱火で煮たて、指で細かくちぎったパセリ、塩、コショウ少々で味を調える。

トマトのとろとろ卵とじ

材料

トマト…大2個
青ねぎ…1／2束（50ｇ）
湯…1／４カップ
塩麹…小さじ2
しょう油…小さじ2
卵…3個
かつお節…2袋弱（5ｇ）

1 トマトは皮をむき、大きめのくし形に切る。表面に出ている種を指で取る。

2 青ねぎは小口切りにする。

3 湯、塩麹、しょう油、**1** を加えて煮たてる。

4 卵は白身と黄身を切るように2～3回混ぜただけで、**3** に回し入れる。

5 青ねぎとかつお節を加える。ふたをして好みの加減に火を通す。

Memo

卵を溶きすぎないことが、ふわっと仕上げるコツです。

うまみぎっしり卵の袋煮

材料

油あげ…2枚

カニ風味かまぼこ…3本

Ⓐ しいたけの薄切り…3枚分
　 1センチの長さに切った万能ねぎ…5本分

塩麹…小さじ2

卵…4個

昆布…3センチ角

　湯…1と1／2カップ

Ⓑ 塩麹…小さじ2
　 砂糖…大さじ1

しょう油…小さじ2

1 1センチの長さに切ってほぐしたカニ風味かまぼことⒶを合わせて、塩麹で和える。

2 油あげは熱湯で表面を茹でて油を抜く。熱いうちに表面の油と水分をペーパータオルなどで取り、半分に切って袋状に開く。

3 口の部分を外側に折って、湯飲みなどに安定がいいように入れる。**1** を詰めて、卵をそっと割り入れる。口を楊枝などでとめる。

4 湯、1センチ角に切った昆布、Ⓑを混ぜ、溶けたら **3** を並べて落としぶたをして、約10分煮る。しょう油を加えて仕上げる。

塩麹豚のハヤシライス

材料

豚肉切り落とし…200ｇ
　塩麹…小さじ1
　コショウ…少々
　小麦粉…大さじ3
玉ねぎ…大1個
マッシュルーム…10個
油…大さじ1
ニンニク…1かけ
塩麹…大さじ1
湯…1カップ
固形コンソメ…1／2個
トマトジュース…3／4カップ
トマトケチャップ…大さじ2
ウスターソース…小さじ2
しょう油…小さじ2
バター…大さじ1
塩…少々
コショウ…少々

1 豚肉に塩麹とコショウ少々をまぶしておく。

2 玉ねぎは5mm幅に、マッシュルームはやや太めに切る。

3 油、ニンニクの薄切りを熱し、香りが出たら**2**を加えて炒める。

4 **1**に小麦粉をまぶし、油少々を足して炒める。

5 塩麹、湯、固形コンソメ、トマトジュース、トマトケチャップ、ウスターソースを加えて約10分煮込む。しょう油、塩、コショウで味を調える。

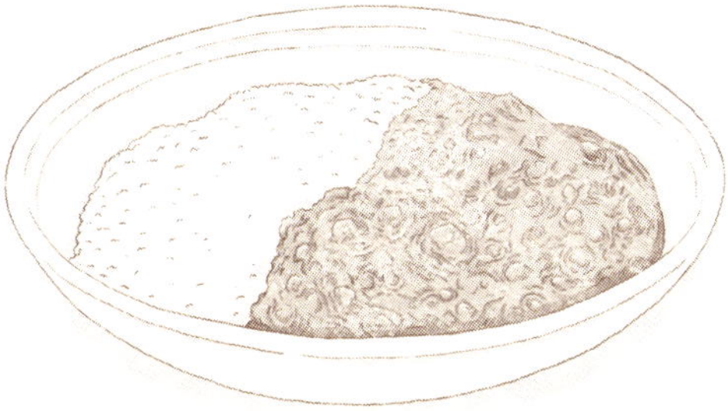

キーマカレー

材料（4人分）

牛ひき肉…250g
ニンニク…1かけ
玉ねぎ…大1個
にんじん…1本
ショウガ…1かけ
油…大さじ2
小麦粉…大さじ2
カレー粉…大さじ3
トマト…大2個
湯…1と1／2カップ
塩麹…大さじ1
ベイリーフ…2枚
しょう油…小さじ2
塩…少々
コショウ…少々

1 野菜はすべてみじん切りにする。

2 ニンニクと油を弱火にかけ、香りが出たら玉ねぎを加えて色づくまで炒める。

3 にんじんも加えて炒め、さらにひき肉を加えてパラパラになるまで炒める。

4 小麦粉をふり入れてサッと炒め、カレー粉の半量も加えて炒める。

5 香りが出たら、トマト、湯、塩麹、ベイリーフを加え、煮立ったら弱火で、時々混ぜながら約30分煮込む。

6 残りのカレー粉、しょう油、塩、コショウで味を調える。

あさりのチャウダー

材料（4人分）
あさり（殻付き）…300g
　塩麹…小さじ1
玉ねぎ…1個
にんじん…1本
じゃがいも…1個
ホールコーン…1／2カップ
油…大さじ1
水…2カップ
固形コンソメ…1／2個
塩麹…大さじ1
　バター…大さじ2
　小麦粉…大さじ3
牛乳…1と3／4カップ
塩…少々
コショウ…少々

1 あさりは砂出しをしておく。使う直前に殻をこすり合わせてよく洗う。水大さじ1（分量外）でのばした塩麹を加えて、ふたをして殻が開くまで強火で加熱する。粗熱を取って殻から身を出し、汁はこしておく。

2 野菜は1センチ角に切る。玉ねぎを油で炒め、にんじんと水、コンソメ、塩麹を加えて5分煮たら、じゃがいもを加えさらに5分煮る。

3 やわらかくしたバターに小麦粉を加えて練ったものを加えて溶き、弱火でかき混ぜながら十分に煮て、とろみをつける。

4 コーン、牛乳を加えて弱火で温める。味をみて、塩、コショウで味を調える。

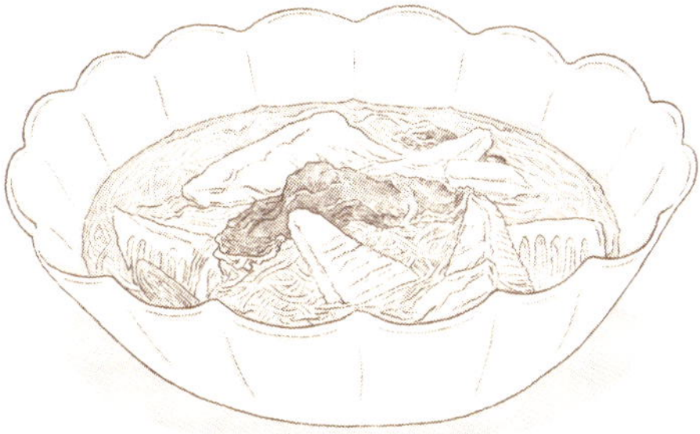

春雨とたけのこのスープ

材料

豚肉切り落とし…100g
　塩麹…小さじ1
春雨…50ｇ
たけのこ（ボイルしたもの）
…100ｇ
ねぎ…1本
油…小さじ2
湯…2と1／2カップ
塩麹…小さじ2
かたくり粉…小さじ2
塩…少々
コショウ…少々
ゴマ油…小さじ1

1 豚肉は細かく切って塩麹をまぶしておく。できれば、1時間ほど置く。

2 春雨は熱湯に5分つけて戻し、水洗いをして水気をよく切り、食べやすく切っておく。

3 たけのこは、薄切りにする。ねぎも薄切りにして、青みの部分は仕上げ用に取り置く。

4 ねぎを油で炒め、しんなりとしたら、**1** を加えて炒める。湯、たけのこを加え、煮たったら、かたくり粉を倍量の水で溶いて加えとろみをつける。

5 塩麹と春雨を加え、2～3分煮る。味をみて、塩、コショウを加え、ゴマ油で仕上げる。

白菜と鶏肉のスープ

材料

鶏むね肉…150g
　塩麹…小さじ1
　かたくり粉…少々
白菜…葉3枚（250g）
青ねぎ…1本（100g）
水…3カップ
塩麹…大さじ1
塩…少々
コショウ…少々
ショウガ…小1かけ

1 鶏肉は一口大のそぎ切りにして、塩麹をまぶして、しばらく置く。
2 白菜は大きめのざく切りにする。青ねぎは小口切りにする。
3 白菜と水を火にかけ、煮立ったら、塩麹を加えやわらかくなるまで煮る。
4 1にかたくり粉をまぶし、1切れずつ、加えてゆく。
5 肉の色が全部変わったら、塩、コショウで味を調え、青ねぎを加える。
6 おろしショウガを添える。

ミネストローネ

材料（4人分）
- 玉ねぎ…小1個
- ベーコン…3枚
- にんじん…1本
- セロリ…1本
- ズッキーニ…1本
- なす…2本
- ニンニク…1かけ
- オリーブ油…大さじ2
- トマト缶…1缶
- 固形コンソメ…1個
- 湯…2と1／2カップ
- 塩麹…大さじ1
- しょう油…小さじ2
- 塩…少々
- コショウ…少々

1 野菜、ベーコンはすべて1センチ角に切る。ニンニクはみじん切りに。

2 ニンニクとオリーブ油、ベーコンを弱火で炒める。香りが出たら、玉ねぎ、セロリ、にんじん、の順に炒める。

3 ズッキーニ、なすを加えてふたをして蒸しながら炒める。

4 しんなりとしたら、トマト缶、コンソメ、湯、塩麹を加えて、約20分煮る。

5 しょう油を加え、味をみて、塩、コショウをする。

すいとん汁

材料

小麦粉…100g

　塩麹…小さじ1／2

　牛乳…60g

鶏肉細切れ…100g

ごぼう…1／2本

大根…3～4センチ（80g）

にんじん…3センチ長

しいたけ…1／2パック（50g）

ねぎ…1／2本

湯…3と1／2カップ

塩麹…大さじ1

しょう油…小さじ1～2

1 小麦粉に、牛乳で溶かした塩麹を加えてこねる。30分以上寝かしてなめらかにする。

2 ごぼうは薄切り、大根、にんじん、しいたけは一口大に、ねぎは薄切りにする。

3 湯を煮たて、野菜と細かく切った鶏肉、塩麹を加えて、約10分煮る。

4 野菜がやわらかくなったら、1の生地を一つまみずつちぎって、平たく伸ばしながら、汁の中に入れる。

5 火が通るまで、5～6分煮込む。しょう油で味を調える。

かみなり汁

材料

もめん豆腐…1／2丁
煮干し…5尾分
水…2カップ
みょうが…2個
ゴマ油…小さじ2
塩麹…小さじ2
しょう油…少々

1 煮干しは頭とわたを取り、細かく裂いて、水2カップにつけておく。

2 もめん豆腐は大まかにちぎって、ペーパータオルをしいた皿などに並べて自然に水気を切る。

3 みょうがは小口切りにする。

4 ゴマ油を熱し、2を炒める。豆腐が少し音をたてるくらいまでよく炒める。1を加え、塩麹も入れて、10分煮る。

5 味をみて、しょう油を足し、火を止めてみょうがを加える。

Memo

豆腐を炒める際に、バリバリと音がするのでかみなり汁と言います。

第5章

蒸すレンジ

塩麹キノコのさっぱり蒸し

材料
えのきだけ
…1パック（100g）
しめじ…1パック（100g）
しいたけ
…1パック（100g）
塩麹…小さじ2
大根おろし…大さじ5
レモン汁…少々
しょう油…少々

1 えのきだけは石づきを切り取り、長さを半分に切る。しめじはほぐす。しいたけは3ミリの厚さに切る。

2 塩麹をまぶして、10分ほど置く。

3 2にラップをして、500Wの電子レンジで3分加熱する。

4 大根おろし、レモン汁、しょう油でいただく。

ささみの塩麹蒸し

材料

ささみ…6本

塩麹…小さじ2

ニンニクのすりおろし
…お好みで少々

ゴマ油…小さじ2

Memo

電子レンジによって加熱状況が若干異なるので、最初は時間を調節しながら調理しましょう。辛子じょう油をつけて食べるのもおすすめ。

1 ささみは筋を取り除き、切れ目を入れて平らに開いておく。

2 塩麹と、お好みでニンニクのすりおろしをからませて1時間以上置く。

3 ゴマ油をからませて、ラップをして、500W の電子レンジで 3 分、200W で 2 分加熱して、そのまま 5 分置く。

蒸し鶏の塩麹風味

材料

鶏むね肉…大1枚

塩麹…大さじ1

ねぎの青い部分、

ショウガの皮、

にんじんの皮、

玉ねぎの切れ端…適宜

1 鶏肉に塩麹をまぶしつけ、香りの野菜を貼りつけて、2時間以上置く。気温が高い時には冷蔵庫に入れるが、加熱前30分は室温に出しておく。

2 ラップをかけ、500 Wの電子レンジで4分、200 Wで約3分加熱し、そのまま冷ます。

Memo

そぎ切りにして、辛子マヨネーズをつけたり、サンドイッチの具やチャーハン、パスタやサラダ、炒め物など色々と使える。

塩麹蒸し鶏のバンバンジー

材料（2 ～ 3人分）
蒸し鶏…1枚
きゅうり…2本
〈たれ〉
塩麹……小さじ2
しょう油…小さじ2
酢…大さじ2
砂糖…小さじ2
水…小さじ2
ねぎのみじん切り…大さじ3
すりゴマ…大さじ2
豆板醤…小さじ1／2
ゴマ油…小さじ2

1 蒸し鶏（P.100）を細く割く。
2 きゅうりを細切りにする。
3 たれの材料を混ぜ合わせる。
4 きゅうりの上に 1 をのせて、混ぜ合わせたたれをかける。

白菜と豚肉の重ね蒸し

材料

豚バラ薄切り…200ｇ
　塩麹…大さじ1
白菜…3枚（300ｇ）

Memo

食べるときに、お好みでショウガじょう油などをかけてもおいしい。

1 豚肉を広げ、塩麹を全体に塗って、1時間ほど置く。

2 白菜は葉元と葉先とにざっと分ける。大きいものはざっと切っておく。

3 深さのある耐熱容器に白菜の葉元を隙間ができないように並べる。その上に、**1**を1枚ずつ、広げながら並べる。

4 その上に白菜、肉と層になるように重ねてゆく。最後は白菜の葉先になるようにする。

5 ラップをかけて、500Ｗの電子レンジで約10分加熱して、そのまま10分蒸らして切り分ける。

トマトとひき肉の重ね蒸し

材料

合いびき肉…150g
　塩麹…大さじ2
　カレー粉…小さじ1／2
　玉ねぎのみじん切り
　　…大さじ3
　卵…1個
　パン粉…大さじ5
トマト…大2個
オリーブ油…大さじ1

1 ひき肉に塩麹とカレー粉を加えてよく練る。

2 玉ねぎ、卵を加えてさらに練り、パン粉も加えて30分以上寝かせる。

3 トマトはヘタを取り、横に4等分にスライスにする。

4 2を4等分して丸め、平らにしておく。

5 トマト2枚で、4の肉を挟む。加熱すると縮むので、肉が少しはみ出ているくらいにする。

6 器に並べ、オリーブオイルを回しかけ、ラップをして、500Wの電子レンジで約10分加熱する。

Memo
食べるときに、お好みで塩、コショウを少々ふってもよい。

ひき肉入り中華風茶わん蒸し

材料

豚ひき肉…100g

　塩麹…小さじ2

卵…2個

だし汁またはスープ

　…1と3／4カップ

Ⓐ 塩麹…小さじ1

　しょう油…小さじ1

〈たれ〉

　塩麹…小さじ1

　しょう油…小さじ1

　豆板醤…少々

　コショウ…少々

　ゴマ油…小さじ2

　ねぎのみじん切り

　…大さじ3

1 ひき肉をほぐして、塩麹をまぶし、深めの器に入れる。

2 だし汁を80度くらいにして、Ⓐを加える。溶き卵に少しずつ入れてよく混ぜる。**1**に静かに注ぐ。

3 大きめの鍋に器を入れる。熱湯を、器の中の卵液の高さくらいに注ぐ。

4 ふたをして中火で5分、ごく弱火にしてさらに5分熱し、火を止めてそのまま10分置く。

5 たれの材料を全部よく混ぜて、**4**にかける。

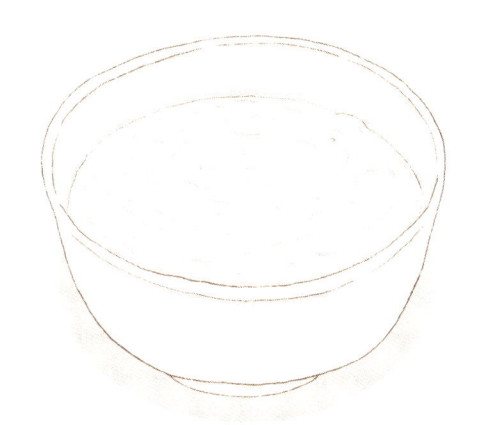

ひき肉と山芋のふわふわ蒸し

材料

豚ひき肉…150ｇ

塩麹…大さじ1

卵…1／2個

ねぎ…1／2本

山芋…150ｇ

1 豚ひき肉に塩麹を加えて、粘りが出るまで練る。卵を加え、ねぎのみじん切りも加える。

2 すりおろした山芋を加えてよく混ぜる。

3 深めの耐熱の器に入れて、ラップをかけ、500 Wの電子レンジで約5分加熱する。そのまま、5分置く。

Memo

山芋は粘りのあるものを使いましょう。おろすとトロトロになる長芋はむきません。辛子じょう油などでいただきます。

カニのシュウマイ

材料

豚ひき肉…150ｇ
　塩麹…小さじ2
　コショウ…少々
カニの身…50ｇ
　（水分を切った、カニ缶、
　　　　　　または冷凍）
玉ねぎ…1／4個
　塩…少々
マヨネーズ…小さじ2
かたくり粉…大さじ1
ゴマ油…小さじ1
シュウマイの皮…18枚
白菜はまたきゃべつ…少々

1 ひき肉が冷たいうちに塩麹とコショウを加えてよく練る。

2 玉ねぎは細かいみじん切りにして、塩少々を加え、しんなりしたらペーパータオルなどに包んで、水分をしぼる。

3 **1** にマヨネーズを混ぜ、なじんだらかたくり粉をまぶした **2** とカニの身、ゴマ油を加えてよく練る。

4 シュウマイの皮に包んで、白菜の葉かきゃべつを敷いた皿に並べる。蒸し器で約 10 分、強火で蒸す。

エビの塩麹蒸し

材料

エビ（殻付き）…大10尾
　塩麹…小さじ2
白菜またはきゃべつ
…2～3枚
ねぎ…1本

1 エビはさっと洗って殻をむき、水分をしっかりと拭き取る。塩麹をまぶして1時間ほど置く。

2 蒸し器に入る皿に、白菜やきゃべつの葉を敷いて、手で押さえてなじませておく。**3** 2に、1を並べ、ねぎの薄切りを散らす。蒸し器で約7分、強火で蒸す。

Memo

お好みで、辛子じょう油などをつけてもおいしい。

白身魚の香り蒸し

材料

鯛などの白身の切り身…2切れ

塩麹…小さじ2

粗びき黒コショウ…少々

ショウガの薄切り…5～6枚

長ねぎ…1本

ゴマ油…大さじ2

香菜…適宜

Memo

ゴマ油を熱するときには、火が入らないように注意！しょう油、レモン汁などをかけて食べてもおいしい。

1 切り身に塩麹すりこみ、粗びき黒コショウをふり、ショウガの薄切りを貼りつけて1時間置く。

2 1を耐熱皿に入れて、ラップをして電子レンジ500Wで約3分、200Wで約3分加熱する。そのまま3分蒸らす。

3 ねぎは縦半分に切ってから斜め薄切りにし、2の上にのせる。お好みで香菜ものせる。

4 ゴマ油を煙が出るくらいに熱し、3にかける。

麹漬けタラと豆腐のちり蒸し

材料
タラ…2切れ
　塩麹…小さじ2
　昆布…5センチ長さ2枚
酒…大さじ2
きぬごし豆腐…1／2丁
しいたけ…4枚
春菊…少々
〈たれ〉
　レモン汁…小さじ2
　塩麹…小さじ2
　しょう油…小さじ1

1 タラは、表面の水分を紙タオルなどでふき、塩麹をすりこんで1時間以上置く。豆腐は半分に切る。春菊は葉の部分を摘み取る。しいたけは飾り切りにする。昆布は酒少々で軟らかくしておく。

2 器に、昆布を敷き、春菊以外の1を置く。

3 強火の蒸し器で、約10分蒸す。春菊を加えてさらに5分蒸す。

4 レモン汁と塩麹、しょう油を混ぜたたれを添える。

レンジで手作りソーセージ

材料

豚ひき肉…200ｇ
塩麹…小さじ2
粗びきコショウ…少々
みりん…小さじ2
ウスターソース…小さじ1
ベーコンを細かく刻んだもの…2枚分
セージ・タイム・オレガノなど好みのハーブを細かく刻んだもの…少々
パセリのみじん切り…小さじ2

1 豚ひき肉が冷たいうちに、塩麹と粗びきコショウ少々を加えて粘りが出るまでよく練る。

2 みりん、ウスターソース、ベーコン、ハーブを加えてさらに練り、冷蔵庫で4～5時間寝かせる。

3 6等分して細長くする。一つずつラップに包む。空気が入らないように包む。両端を、ねじってとめる。空気が入っていたら、楊枝などで穴をあけておく。

4 耐熱の皿に放射状に並べて、500Ｗで約5分加熱しそのまま粗熱を取る。

第6章

和える

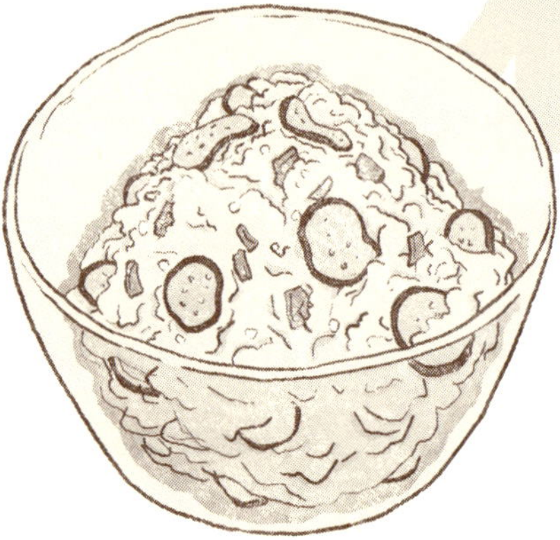

シンプルポテサラ

材料

じゃがいも…大3個

Ⓐ
- 塩麹…小さじ2
- コショウ…少々
- レモン汁…小さじ2

きゅうり…1本

　塩麹…小さじ1

ハム…2枚

マヨネーズ…大さじ3

1 じゃがいもは皮つきのままラップに包んで、600Wの電子レンジで5〜7分、串がすっと通るくらいまで加熱する。途中で上下を返すとよい。

2 熱いうちに皮をむき、ざっとつぶす。Ⓐを混ぜたものをよく和えて、そのまま常温で冷ます。

3 きゅうりを薄切りにして、塩麹をまぶしてしばらく置き、ぎゅっとしぼる。

4 短冊に切ったハム、2,3をマヨネーズで和える。

もやしとニラの黒コショウ和え

材料

もやし…3／4袋（150g）

ニラ…1／2束（50g）

塩麹…大さじ1

ゴマ油…小さじ1

粗びき黒コショウ…少々

1 湯をわかし、ニラをさっと茹でてざるにあげ、そのまま冷ます。

2 1の湯で、もやしも同様にさっと茹でてざるにあげ、広げて冷ます。

3 1を食べやすく切り、2、塩麹、ゴマ油を加えて和える。

4 仕上げに、粗びき黒コショウをふる。

塩麹ドレッシングのニース風サラダ

材料

じゃがいも…大3個
玉ねぎ…小4分の1個
塩麹…大さじ1
酢…大さじ1
サラダ油…大さじ2
コショウ…少々
インゲン…7本(50g)

1 じゃがいもは皮をむき、1センチの厚さのいちょう切りにして、水から茹でる。
2 ボウルに塩麹、酢、サラダ油、コショウ、薄切りにした玉ねぎを合わせる。1／4ほど別の容器に分けておく。
3 1が茹だったら、水気をよく切り、熱いうちに2のボウルに加えて混ぜ、そのまま冷ます。
4 インゲンを茹でて冷まし、一口大に切って、残しておいた2をかけて、3と合わせる。

たたききゅうりのピリ辛和え

材料

きゅうり…大2本
ゴマ油…小さじ2
塩麹…小さじ2
豆板醤…少々
ねぎのみじん切り…大さじ2
コショウ…少々

1 きゅうりは上下を少し切り、まな板に置き、手のひらで押さえて、ぎゅっと押しつぶす。ポキポキと一口大に折り、余分な種は除いておく。

2 全体にゴマ油をまぶす。

3 塩麹、豆板醤、ねぎのみじん切り、コショウを混ぜて、2に加えて和える。

きゅうりとショウガの塩麹もみ

材料

きゅうり…大2本

塩麹…大さじ1

ショウガ…適量

1 きゅうりは薄切りにして、塩麹をまぶす。

2 10分置いて、しんなりとしたら水分をしぼる。

3 お好みの量のショウガを千切りにして、和える。

Memo

きゅうりは、皮をピーラーでむいてしましまにして、乱切りにしたり、手で押しつぶして、ポキポキと折って、たたききゅうりにしてもOK。味がしみるまで、30分くらいかかりますが、違った味わいが楽しめます。

焼きキノコの塩麹和え

材料

えのきだけ
…1パック（100ｇ）
まいたけ…1パック（100g）
しいたけ…1パック（100g）
塩麹…大さじ1
万能ねぎ…5～6本
七味唐辛子…お好みで

Memo

しいたけは、ひだの面を上にして水分がにじみ出るくらいに焼けば火が通っている。焼きすぎるとカサカサになるので要注意。

1 えのきだけは、バラバラにならない程度に下の方を切り取り、大まかにほぐす。まいたけも大きくほぐしておく。しいたけは軸をとる。

2 網を熱し、強火で **1** を焼く。

3 焼けたしいたけは、2分の1か4分の1に切り、焼けたえのきだけは半分に切ってほぐす。まいたけも一口大にほぐして合わせ、塩麹で和える。そのまま十分に冷まして、万能ねぎの小口切りを混ぜ、七味唐辛子をふる。

焼きパプリカのさっぱり和え

材料
パプリカ…2個
塩麹…大さじ1
粒マスタード…小さじ1
レモン汁…小さじ2
オリーブ油…大さじ1
オリーブ（刻んだもの）
…大さじ1～2

1 パプリカはヘタを取り、そのまま切らずに網にのせて、強火で表面が真っ黒になるまで焼く。冷水に取って表面を冷やし、薄皮をこすり取る。
2 切り開いて種を取り、水気をふき取り、細切りにする。
3 塩麹、粒マスタード、レモン汁、オリーブ油、刻んだオリーブを混ぜ、**2** を和える。

さらし玉ねぎのおかか和え

材料
玉ねぎ…小1個
塩麹…小さじ2
かつお節…1袋（3g）
しょう油…少々

1 玉ねぎは千切りにして、水にさらす。
2 パリッとしたら、水気を切って、残った水分をペーパータオルなどでふき取る。
3 塩麹で和えて、かつお節を混ぜる。
4 味をみて、しょう油を少々かける。しょう油はかけすぎないように注意。

焼き芋の麹バター風味

材料
さつまいも…小2本
無塩バター…大さじ2
塩麹…小さじ1

Memo
オーブントースターでさつまいもを加熱すると時間がかかりますが、さつまいもはゆっくり加熱するほど甘さが増しておいしくなります。もちろん焼き芋は市販のものを使っても構いません。

1 さつまいもは皮を洗ってホイルに包み、オーブントースターで15分焼く。そのまま5分置いてから、先ほどと反対側を上にしてもう一度15分焼く。さらに5分置いたら、串を刺して通るようなら、ホイルを外し5分焼いて皮をパリッとさせる。まだかたいようなら、さらに15分焼く。

2 バターは室温に置いてクリーム状に練り、塩麹を加えてさらに混ぜておく。

3 1を一口大に切り、2をからめる。

きゃべつの香味和え

材料

きゃべつ…3～4枚（200g）

塩麹…大さじ1

大葉…5～6枚

炒りゴマ…小さじ1

1 湯をわかし、きゃべつをかたい芯の方から湯に入れて、全体がしんなりするまで1～2分ほど茹でる。

2 広げて冷まし、一口大に切り、塩麹で和える。

3 大葉の細切り、炒りゴマを飾る。まんべんなく混ぜていただく。

Memo

きゃべつは、ポリ袋に入れて電子レンジで2～3分加熱するのでもOK。

たたき大和芋のわさび風味

材料

大和芋…200g

塩麹…小さじ2

しょう油…少々

おろしわさび…少々

もみのり…少々

Memo

大和芋の代わりに長芋を使ってもいい。その場合は、たたかないで、千切りにしましょう。

1 大和芋は、皮をむき厚手のポリ袋に入れて、めん棒などでたたいて好みの大きさにする。

2 塩麹で和え、味をみて、しょう油少々を加える。

3 わさび、もみのりを添える。

春雨とかいわれ菜の和え物

材料

春雨…50g

　ゴマ油…小さじ2

焼き豚…2～3枚

ショウガ…少々

かいわれ菜…1パック

塩麹…小さじ2

酢…小さじ2

コショウ…少々

1 春雨は熱湯に5分つけて戻し、水洗いしてしっかりと水気を切る。食べやすい長さに切って、ゴマ油を全体にまぶす。

2 焼き豚は細切りに、ショウガは千切り、かいわれ菜はほぐしておく。

3 塩麹と酢、コショウを混ぜ、1,2を和える。

切り干し大根のゴマ辛子和え

材料

切り干し大根…20g

ささみ…2本

　塩麹…小さじ1

きゅうり…1／2本

塩麹…小さじ2

しょう油…小さじ1／2

酢…大さじ1

辛子…少々

すりゴマ…大さじ2

1 切り干し大根はもみ洗いして、水につける。好みの加減まで戻したら、しぼって食べやすい長さに切る。

2 筋を取ったささみに塩麹をまぶして、600Wの電子レンジで1分半加熱し、そのまま冷まし、手でさいておく。

3 きゅうりは細切りにする。

4 塩麹、しょう油、酢、辛子を混ぜる。**1**、**2**、**3**を和えて、すりゴマを加える。

セロリとツナのレモン和え

材料

セロリ…大1本（150g）

ツナ（缶詰）…小1缶

塩麹…小さじ2

レモン汁…小さじ1～2

1 セロリは、筋を取り、1センチ幅の斜めに切る。たっぷりの熱湯にさっとくぐらせ、広げて冷ます。

2 ツナの油をよく切って、1、塩麹と和える。

3 仕上げにレモン汁をしぼりかける。

焼き油あげとアサツキの和え物

材料
油あげ…1枚
アサツキ…1／2束（50g）
塩麹…小さじ2
しょう油…小さじ1／2
かつお節…1袋（3g）

1 油あげは、網でこんがりと焼いて、細切りにする。
2 アサツキは、斜め薄切りもしくは大きめの小口切りにする。
3 塩麹としょう油を混ぜ、1、2、かつお節をサッと和える。

なすのみょうが和え

材料

なす…3本（300g）
　塩麹…大さじ1
みょうが…2個
酢…小さじ1
しょう油…少々

1 なすは縦半分に切り、斜め薄切りにして、塩麹をまぶす。
2 しばらく置いてしんなりしたら、水気をしぼる。
3 みょうがは、薄い小口切りにして、酢、しょう油と一緒に混ぜる。
4 **2** に **3** を加えて和える。

シンプル白和え

材料

小松菜…1／3束（100g）
にんじん…小1本
もめん豆腐…1／4丁
練り白ゴマ…大さじ1
塩麹…大さじ1

1 にんじんは細切りにする。

2 小松菜はたっぷりの湯でサッと茹でる。取り出して冷水に取り、冷めたら水分をしぼって食べやすく切る。にんじんも同じ湯で茹でて、水気をよく切っておく。

3 バットにペーパータオルを何枚かたたんで広げ、もめん豆腐を細かくくずしながら押し付けて、水分をしっかり切る。

4 3をボウルに取り、泡立て器で混ぜてなめらかにする。塩麹と練りゴマを加えよく混ぜ、2を和える。

Memo

3のときに、ペーパータオルを何度か取り替えると、早く水分が切れます。

大根とにんじんのじゃこ入りなます

材料

大根…5センチ長さ

にんじん…5センチ長さ

**　塩麹…大さじ1と1／2**

ちりめんじゃこ…大さじ2

酢…大さじ1〜2（好みで）

塩麹…少々

1 大根、にんじんを共に細切りにする。塩麹をまぶして、しばらく置く。

2 しんなりとしたら、水気をぎゅっとしぼる。

3 ちりめんじゃこ、酢を加えて和え、味をみて必要であれば塩麹を足して、味を調える。

角切りトマトのハチミツ麹和え

材料

トマト…2個（400g）

ハチミツ…小さじ2

塩麹…大さじ1

オリーブ油…大さじ2

イタリアンパセリ…少々

1 トマトは、3センチ角に切り、簡単に種を取り除いてから、ハチミツをからめる。

2 塩麹も加えて和える。オリーブ油と、細かく切ったイタリアンパセリを加えて仕上げる。

ひじきのサラダ

材料

ひじき…20g

れんこん

…中1／4節（50g）

茹で大豆 50g

Ⓐ
- 塩麹…小さじ2
- レモン汁…大さじ1
- オリーブ油…大さじ1
- しょう油…小さじ1

酢…少々

1 ひじきは水につけてもどしておく（もどし時間はひじきによっていろいろなので、袋の記載を参考にする）。水分を切る。

2 れんこんは一口大に薄切りにしておく。

3 漬け汁の材料Ⓐを合わせておく。

4 湯をわかし、酢少々を加え、れんこんを入れて再び煮立ってきたら、1 のひじきを加えて、さっと茹でる。

5 湯をよく切り、熱いうちに 3 と和えて、大豆も加え、そのまま冷ます。

塩麹イカの明太子和え

材料

イカ（刺身用）
…胴部分大1杯分
塩麹…小さじ2
明太子…1／2～1腹分
ゆずの皮…少々

1 イカは皮をむいて、5センチの長さの細切りにする。

2 塩麹をまぶして、30分以上冷蔵庫に入れる。

3 明太子は薄皮を取り除き、ほぐす。ゆずの表皮をごく薄くそぎ取り、千切りにする。

4 2に3を加えて和える。

マグロのやまかけ

材料
マグロ（刺身用）
…小1さく（120g）
塩麴…小さじ2
しょう油…小さじ1
山芋…100g
わさび…少々

1 マグロを食べやすい大きさに切る。
2 塩麹としょう油を混ぜ合わせて **1** を和え、冷蔵庫に入れて30分以上なじませておく。
3 山芋はすりおろす。
4 **2** を盛り付けて、**3** をかけ、わさびを添える。

ほたての辛子麹和え

材料

ほたて貝柱（刺身用）
…4～6個（150g）
塩麹…小さじ2
辛子…小さじ1／2
万能ねぎ…3本

Memo

刺身用のサーモンやイカ、ハマチなどでもOK。辛子の代わりに、わさびでもよいし、ラー油でも一味違った和え物になる。

1 ほたて貝柱は、細切りにする。塩麹と辛子を混ぜたもので和える。

2 万能ねぎの小口切りを加えて混ぜる。

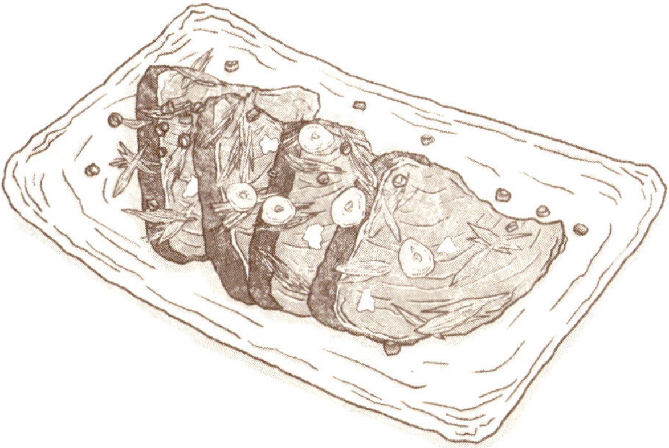

カツオの塩麹たたき

材料

カツオ
…1／2さく（180g）
＊できれば皮のついたもの
塩麹…小さじ2
油…大さじ1
塩麹…小さじ2
みょうが…2個
ニンニク…1かけ
万能ねぎ…3本
レモン汁…1／2個分

1 塩麹をスプーンの背などですりつぶし、カツオにすりこむ。

2 油を熱して、1の皮の面から、一面ずつ手早く焼く。

3 取り出して、皮に切れ目を入れながら、1センチ幅に切り、皿に並べる。

4 塩麹を切り口に少しずつ塗る。

5 みょうがの薄切り、ニンニクの薄切り、万能ねぎの小口切りをふり、レモン汁をかけて、包丁の面でたたいて、なじませる。

ワカメの即席ナムル

材料

カットワカメ…大さじ4
ゴマ油…大さじ1

Ⓐ
- ねぎのみじん切り…大さじ2
- ニンニクのすりおろし…ごく少々
- 塩麹…小さじ2
- しょう油…小さじ1
- コショウ…少々

Memo

戻してさっと茹でたひじきや、切り昆布などでもおいしくできます。また、さっと茹でたもやしや、水菜などでも簡単な和え物に。

1 ワカメは戻し、水気を切る。ゴマ油をまぶしておく。

2 Ⓐを混ぜるたものを加えて和える。お好みで、一味唐辛子をかける。

第7章

漬ける

お刺身ほたてのガーリックマリネ

材料

ほたて貝柱（刺身用）…10個（200g）

塩麹…小さじ2

レモン汁…小さじ2

オリーブ油…大さじ2

コショウ…少々

ニンニクのすりおろし…少々

大葉…適量

1 塩麹、レモン汁、オリーブ油、コショウ、ニンニクのすりおろしをよく混ぜておく。

2 ほたては横半分にスライスする。平らに並べ、1をかけよくなじませて、一晩置く。

3 盛り付けて、大葉の細切りをのせる。

タコとセロリの塩麹マリネ

材料

セロリ…1本
ゆでダコ…200g
　ゆずの皮…少々
　塩麹…小さじ1
　すりゴマ…大さじ1
　油…大さじ1

1 セロリは筋を取り短冊切りにする。

2 ゆでダコは薄切りにする。

3 ゆずの黄色い表皮少々を千切りにする。

4 1、2、3、油をよく混ぜ、すりゴマを混ぜて、半日ほど置く。

甘エビと青ねぎのわさび漬け

材料

甘エビ…250g
塩麹…小さじ2
わさび…4センチ長さ
青ねぎ…3本

1 甘エビは、殻をむく。
2 わさびは、2センチの長さの千切りにする。青ねぎは小口切りにする。
3 塩麹、1、2をよく混ぜ、半日ほど置く。

アジのオニオン麹漬け

材料

アジ（刺身用）…大2尾分

　塩麹…大さじ1

玉ねぎ…1／2個

ショウガ…1かけ

しょう油…少々

1 アジは三枚おろしにして、皮と骨を除く。塩麹をすりこみ、玉ねぎの薄切りを貼りつけて、半日以上置く。

2 玉ねぎを外して、食べやすく切る。

3 ショウガのすりおろしと、しょう油少々を添える。

お刺身鯛の麹昆布〆

材料

鯛（刺身用）…1さく

　塩麹…小さじ2

昆布…2枚

酢…少々

しょう油…少々

わさび…少々

1 昆布は、酢少々を湿らせてやわらかくしておく。

2 刺身用の鯛に塩麹をすりこむ。

3 2を昆布ではさみ、ぎゅっとなじませてラップできっちりと包む。一晩以上置く。

4 食べやすく切り、わさび醤油を添えていただく。

Memo

お好みで、巻いていた昆布も細く切って食べましょう。

車エビの塩麹漬け

材料
車エビ…8尾
　塩麹…大さじ2

Memo
新鮮な車エビで作りましょう。焼く前にエビに串をさしておけば、曲がらずに形よく焼けます。

1 エビは、はさみで足の部分と長いひげを切る。

2 塩麹をまぶし、3～4日漬ける。

3 表面についた塩麹と水分をぬぐって、網でこんがりと焼く。

ワカサギと玉ねぎのマリネ

材料

ワカサギ…12尾

　塩…少々

　コショウ…少々

小麦粉…適量

玉ねぎ…小1／2個

にんじん…5センチ長さ

ピーマン…1個

Ⓐ
- 塩麹…大さじ1
- 酢…大さじ1
- コショウ…少々
- 粒マスタード…小さじ1
- オリーブ油…大さじ1

レモンスライス…2～3枚

揚げ油…適量

1 玉ねぎ、にんじん、ピーマンはそれぞれ千切りにして、Ⓐと混ぜ合わせておく。

2 ワカサギはサッと洗い、水気をよくふいて、塩、コショウ少々をふり、小麦粉をまぶす。170度の油で、4～5分かけて、カリッとなるまで揚げる。

3 油をよく切り、熱いうちに**1**をかけて、レモンスライスも加えて冷ます。

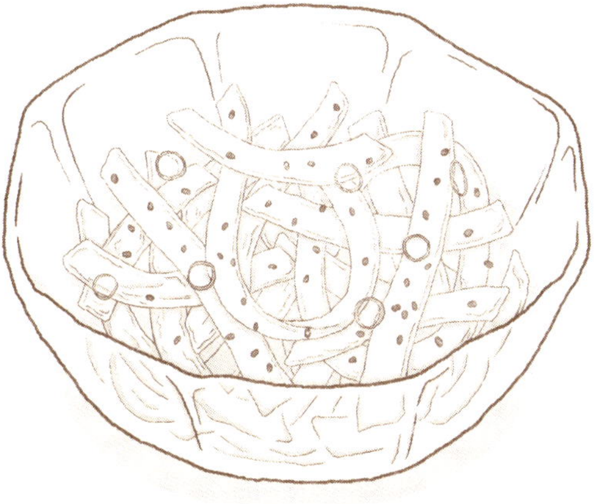

ゆでイカの黒ゴマ漬け

材料

するめイカ（刺身用）…1杯
塩麹…大さじ1
ショウガ…1かけ
黒ゴマ…大さじ1
赤唐辛子…1本

1 するめイカは皮をむき、細切りにする。

2 塩麹、千切りにしたショウガ、黒ゴマ、種を取って輪切りにした赤唐辛子を加えて混ぜ、一晩漬ける。

イワシの南蛮漬け

材料

イワシ…8尾

塩麹…小さじ1

小麦粉…適量

Ⓐ
- 塩麹…小さじ2
- 湯…1／4カップ
- しょう油…大さじ2
- 砂糖…大さじ1

昆布…3センチ角

赤唐辛子…1本

ねぎ…1／2本

ショウガ…1かけ

酢…大さじ3

揚げ油…適量

1 イワシは、3枚におろす。塩麹をまぶして30分以上置く。

2 Ⓐ、1センチ角に切った昆布、種を取って輪切りにした唐辛子を煮立てて、火からおろす。

3 ねぎの薄切り、ショウガの千切り、酢を加える。

4 1の水分をふき取り、小麦粉をまぶして、170度の油でカリッと揚げる。

5 油をよく切り、熱々のうちに、3をかけてそのまま冷ます。

湯引きブリのねぎ味噌麹漬け

材料
ブリ（刺身用）…150g
ねぎ…1／2本
塩麹…小さじ1
味噌…大さじ1
みりん…大さじ1
一味唐辛子…少々

Memo
数時間から半日が食べごろ。あまり長く置かないこと。

1 ねぎの粗みじん切りと、塩麹、味噌、みりん、一味唐辛子を混ぜておく。

2 ブリは、一口大に切る。湯をわかして、塩麹少々（分量外）を入れる。

3 ブリを表面の色が変わる程度にごくサッと茹で、湯をよく切り、1で和えてそのまま冷ます。

スモークサーモンの塩麹マリネ

材料

スモークサーモン…100g
玉ねぎ…1／2個
　塩麹…小さじ2
　レモン…1／2個
　粗びきコショウ…少々
　パセリみじん切り…小さじ2
　レモン汁…小さじ2
　オリーブ油…大さじ2
　ケッパー…あれば小さじ1

1 玉ねぎは繊維を断ち切る方向で薄切りにして、塩麹をまぶす。15分ほど置いてしんなりとしたら、レモン汁とコショウ、パセリのみじん切りを加えて混ぜる。

2 レモンは白いわたごと皮をむいて、果肉を薄切りにする。

3 スモークサーモンを広げて並べ、レモンとあればケッパーのみじん切りをはりつけ、**1**をかけて平らにして、2時間以上漬け込む。

イカクンとにんじんのマリネ

材料

イカの燻製…50g
にんじん…1本
　塩麹…小さじ1
　レモン汁…大さじ1
　ゴマ油…小さじ2
　コショウ…少々

1 イカの燻製は輪切りタイプなら、縦半分に切っておく。細長いものなら、食べやすい長さに切る。にんじんは細切りにする。

2 塩麹とレモン汁、ゴマ油、コショウをよく混ぜ、**1** を加えてさらによく混ぜ、一晩置く。

ささみの土佐酢漬け

材料

ささみ…6本

塩麹…小さじ1

Ⓐ
- しょう油…小さじ2
- 塩麹…小さじ1
- 砂糖…大さじ1
- 酢…大さじ1

昆布…3センチ角

かつお節…2袋弱（5g）

1 Ⓐと、小さく切った昆布を混ぜておく。

2 ささみは塩麹をまぶし、30分ほど置いて、ラップをして500 Wの電子レンジで約3分、その後200 Wで3分加熱する。

3 熱いうちにかつお節をまぶし、**1**をかけて浸し、漬ける。

ゆで豚のショウガ麹漬け

材料（4人分）
豚肩ロース肉かたまり
…400g
　ショウガの皮…適宜
　ねぎの青い部分…適宜
　塩麹…大さじ1
塩麹…大さじ3
ニンニクのすりおろし
…1かけ分

Memo
40分茹でている途中で、水分が少なくなってきたら湯を足し、つねに肉が湯をかぶっているように保ちましょう。

1 豚肉は、塩麹と共に小さめの鍋に入れ、あれば、ショウガの皮、ねぎの青い部分も加え、かぶるくらいまで熱湯を注ぐ。中火にかけて、煮立ったら弱火にし、ふたをして、約40分茹でる。

2 茹で上がったら、そのまま冷ます。

3 肉を取り出し、表面の水分をふく。ニンニクと塩麹をよく混ぜ合わせて肉にすりこみ、ポリ袋などに入れて空気を抜いて、3日ほど漬ける。

もめん豆腐の塩麹漬け

材料（作りやすい分量）
もめん豆腐…1丁
　塩麹…大さじ2

1 豆腐は２センチの厚みで５センチ角になるように切って、ペーパータオルをしいたバットに並べる。冷蔵庫に１時間以上置いて、水気を切る。
2 豆腐の両面に塩麹を塗って、１～２日置く。

クリームチーズの塩麹漬け

材料（作りやすい分量）

クリームチーズ…200g

塩麹…大さじ1

Memo

チーズをくずして、ハーブのみじん切りを加えれば、スティック野菜や、カリカリに焼いたトーストによく合う。焼いた肉のソースにも。

1 クリームチーズは、１センチの厚みで３センチ角になるように切り、塩麹を塗る。

2 ２～３日漬ける。

半熟ゆで卵の塩麹漬け

材料（作りやすい分量）
卵…5個
塩麹…大さじ2

1 卵は、湯わかし器くらいの温度の湯（４０度くらい）にしばらくつけておく。

2 湯をわかし、1の卵をそっと入れる。そのまま煮たてて、５分茹でる。

3 冷水に取り、殻をむく。

4 水分をよくふき、塩麹をまぶして２日置く。

うずらの卵のピリ辛漬け

材料（作りやすい分量）

うずらの卵…20個
　塩麹…小さじ2
　豆板醤…小さじ1／2
　しょう油…小さじ2

Memo
うずらの卵の水煮を使ってもOK.。その場合には、すでに薄い塩分につかっているので、サッと茹でてから使いましょう。

1 うずらの卵を茹でて、殻をむく。

2 合わせておいた調味料をからめて一晩つける。

スパイシーカレー卵

材料（作りやすい分量）

かたゆで卵…5個
　カレー粉…小さじ1
　塩麹…大さじ2
　ショウガの千切り…少々

1 カレー粉と、塩麹、ショウガを合わせておく。

2 ゆで卵の水分をふき、合わせておいた調味料をからめて2日置く。

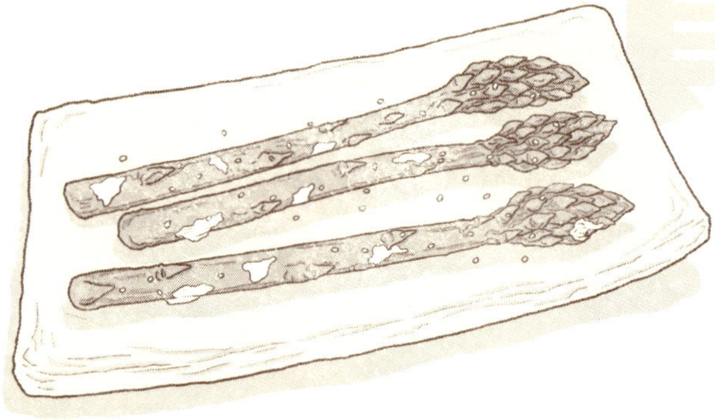

アスパラガスの塩麹漬け

材料（作りやすい分量）

アスパラガス…10本

塩麹…大さじ2

炒り白ゴマ…大さじ1

1 アスパラガスは、下の硬い部分を切り取る。さらに下の部分の皮をピーラーでむいておく。

2 たっぷりの熱湯で茹でて、すぐに冷水に取る。

3 長さを半分に切って、水分をしっかりとふき取り、塩麹をまぶし、ゴマをふって、半日から一晩漬ける。

揚げなすのマリネ

材料（作りやすい分量）

なす…5本

みょうが…5個

塩麹…大さじ1と1／2

Ⓐ
- 酢…大さじ2
- しょう油…大さじ1
- みりん…大さじ1

揚げ油…適量

1 Ⓐを混ぜておく。

2 みょうがは縦半分に切って、バットに並べておく。

3 なすは、縦半分に切って、皮目に斜めに切れ目を入れながら、2～3つに切る。

4 油を高温に熱し、3を手早くこんがりと揚げる。油を切って2のみょうがの上に並べる。

5 熱いうちに、1をかけてそのまま冷ます。

4種野菜の塩麹ピクルス

材料（作りやすい分量）

きゅうり…2本

にんじん…1本

小かぶ…3個

セロリ…1本

Ⓐ
- 塩麹…大さじ3
- 酢…1／2カップ
- 水…1／4カップ
- 砂糖…大さじ3
- コショウ…少々

1 Ⓐをよく混ぜ合わせておく。

2 野菜はそれぞれ乱切りにしておく。

3 たっぷりの湯をわかし、にんじん、きゅうり、かぶ、セロリの順にごくさっと湯を通す。入れたらすぐに出す感じでよい。茹ですぎないこと。

4 熱いうちに水分をよく切り、1に加えて時々混ぜながら漬ける。2時間から一晩くらいで食べごろに。

3種野菜の和風ピクルス

材料（作りやすい分量）
ねぎ…3本
エリンギ…2パック（200g）
しめじ…2パック（200g）
　昆布…10センチ角
　赤唐辛子…1本
　塩麹…大さじ2
　しょう油…大さじ1
　酢…1／2カップ
　みりん…1／4カップ

1　1センチ角に切った昆布と、種を取った赤唐辛子と塩麹、他の調味料をひと煮する。

2　2センチの長さのぶつ切りにしたねぎ、ねぎよりも大きめに切ったエリンギ、ほぐしたしめじを、たっぷりの湯に入れてひと混ぜして、すぐに取り出し水分をよく切る。

3　熱いうちに**1**に加えて混ぜ、漬ける。冷めれば食べられる。

きゅうりの1本漬け

材料（作りやすい分量）
きゅうり…3本
塩麹…大さじ1

Memo
できあがった料理に、ショウガのすりおろしや、刻んだみょうが、おかかなどをかけたり、香り程度のしょう油をたらしてもおいしい。

1 きゅうりはできればまっすぐなものを用意する。曲がっていたら２～３等分してもよい。ポリ袋に入れ、塩麹をまぶし、袋の空気を抜くようにして口をしっかりとしばる。

2 一晩漬けて、食べやすく切る。２～３日なら冷蔵庫で保存が可能。

大根の塩麹漬け

材料（作りやすい分量）
大根…10センチ長さ
塩麹…大さじ2～3

Memo
ゆずの皮の黄色い部分を千切りにして加えたり、国産レモンの黄色いところを薄く削るように切って（白い部分が入ると苦くなる）、細切りにして加えても、さわやかな仕上がりに。

1 大根は皮をむき、縦半分に切る。

2 ポリ袋に入れて、塩麹を加え、もむようにして全体に行き渡らせる。

3 空気を抜くようにポリ袋の口を閉じる。２～３日漬ける。

きゃべつの香味麹漬け

材料（作りやすい分量）
きゃべつ…1／4個
大葉…20枚
　塩麹…大さじ2～3

1 きゃべつは、くし形２つに切る。葉の間に大葉を挟みこむ。
2 塩麹を葉の間に塗りつけ、ポリ袋に入れる。
3 空気を抜くように口を閉じて、２～３日漬ける。

ミニトマトのレモン麹漬け

材料（作りやすい分量）
ミニトマト…20個（200g）
　レモン汁…大さじ1
　塩麹…小さじ2

Memo
長く漬けるとトマトがしぼんでしまうので注意して。

1 ミニトマトはヘタを取り、熱湯にくぐらせてから、冷水に取って皮をむく。
2 塩麹とレモン汁を混ぜておく。
3 **1** の水分をふき取り、**2** を加えて一晩漬ける。

第8章

ご飯 めん

キノコの炊き込みご飯

材料

米…2合
酒…大さじ2
昆布…3センチ角
しめじ…1パック
まいたけ…1パック
しいたけ…1パック
　塩麹…大さじ1
　しょう油…大さじ1
鶏ひき肉…150g

1 米は洗ってかための水加減で浸水させ、炊く直前に酒と6つに切った昆布を加えて炊く。
2 ほぐしたしめじ、まいたけ、５ミリの厚さに切ったしいたけに、塩麹としょう油をまぶし、中火で煮たてる。
3 鶏ひき肉をほぐし入れ、そのままキノコの水分を飛ばすようにかき混ぜながら煮つめる。
4 1のご飯に、3を加えて混ぜ、蒸らす。

五目炊き込みご飯

材料

米…2合

塩麹…大さじ2

にんじん…1／2本

ごぼう…小1／2本

油あげ…1／2枚

コンニャク…1／8個

三つ葉…少々

1 米は洗ってかための水加減で浸水させておく。

2 にんじん、ごぼう、油あげは、3センチの長さの　棒状に切る。コンニャクは同様に切って、茹でこぼしておく。

3 米に塩麹を加えてよく混ぜ、2の具をふんわりとのせて炊く。

4 炊き上がりを混ぜ、三つ葉のざく切りを散らす。

鯛めし

材料（3～4人分）

米…2合

鯛の切り身…2切れ

　塩麹…大さじ1

昆布…5センチ角

木の芽…お好みで

1 鯛はさっと洗って水分をふき、塩麹をまぶして半日以上置く。

2 米は普通の水加減で浸水させる。

3 6つに切った昆布を加え、1を上にのせて普通に炊く。

4 炊き上がりに鯛を取り出す。皮と骨を取ってほぐし、ご飯に混ぜる。

5 あれば木の芽を散らす。

麹漬け魚介の海鮮丼

材料

鯛またはブリやハマチなど
（刺身用）…120g
　塩麹…大さじ1
　しょう油…小さじ2
　白すりゴマ…大さじ2
もみのり…適量
青ねぎ…適宜
わさび…適宜
ご飯…適量

1 お刺身は切ってあるものを用意し、塩麹としょう油をまぶす。なじんだら、白すりゴマを加えて混ぜ、１時間くらい置く。

2 ご飯にのりをのせ、**1** を盛り付け、好みで青ねぎの小口切りと、わさびを添える。

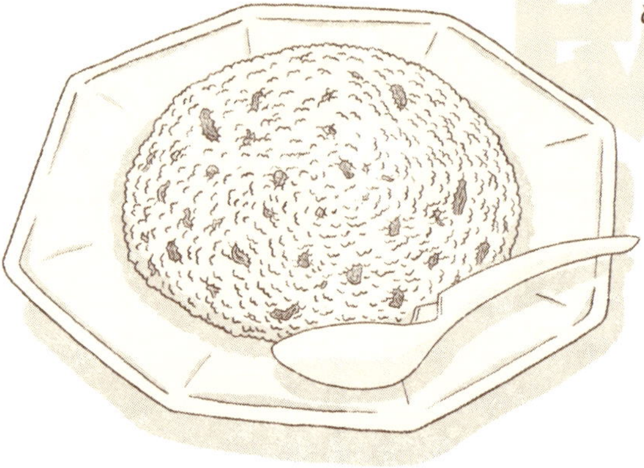

塩麹チャーハン

材料

ご飯…茶わん2杯分
卵…2個
ねぎ…1本
焼き豚…3枚
油…大さじ2
塩麹…大さじ1
コショウ…少々

1 ご飯は熱いものを用意する。冷めていたらレンジで温める。

2 ねぎは小口切りにする。焼き豚は1センチ角に切る。

3 油を強火で充分に熱し、卵をざっと溶いて加える。

4 すぐにご飯を加え、卵をからめるように炒める。

5 パラパラになったら、**2**を加えてさらに炒める。

6 塩麹とコショウ少々で味を調える。

塩麹が香るフライパンパエリア

材料（3～4人分）

米…2合
鶏もも肉…250ｇ
　塩…少々
　コショウ…少々
マッシュルーム…1パック
殻付きエビ…250g
ピーマン…2個
玉ねぎ…大1個
塩麹…大さじ2
　湯…1と4／5カップ
ニンニクのみじん切り…1かけ分
オリーブ油…大さじ3
オリーブ…少々

1 大きめのぶつ切りにした鶏肉に塩、コショウをする。

2 マッシュルームは半分に切る。エビはよく洗って水分を切り、背わたを取る。ピーマンは半分に切って種を取る。

3 玉ねぎは1センチ角に切る。

4 塩麹を湯に溶かす。

5 米は使う直前に手早く洗って、水分を切っておく。

6 オリーブ油大さじ1で、1を炒め、表面に焼き色がついたら、油を残して取り出す。残りの油を足し、ニンニクと玉ねぎを炒める。

7 米を加えて米が熱くなるまで炒める。4を加えて強火で2～3分煮たてる。

8 鶏肉、2、を上にそっとのせ、ふたをしてさらに2～3分、弱火で約12分炊き、10分蒸らす。オリーブを散らす。

即席おこわ

材料（4人分）

もち米…2合

豚肉肩ロース…250ｇ

　塩麹…小さじ2

ねぎ…1本

たけのこ

　　…中1／2本（150ｇ）

干ししいたけ…3枚

にんじん

　　…中2／3本（150ｇ）

ゴマ油…大さじ2

Ⓐ
- しいたけの戻し汁と湯…2と1／4
- 塩麹…大さじ1
- しょう油…大さじ1
- 砂糖…大さじ1

1 干ししいたけは戻して、戻し汁は取りおく。野菜はすべて1センチ角に切る。

2 もち米は、洗って40度の湯につけ1時間ほど置く。

3 豚肉は1センチ角に切り、塩麹をまぶす。

4 Ⓐを混ぜる。

5 ゴマ油を熱し、豚肉を炒める。ねぎ、たけのこ、干ししいたけ、にんじんの順に炒め、**4**、水分を切った**2**を加え、かき混ぜながら中火で煮る。

6 水分がほとんどなくなったら耐熱ボウルに入れラップをして、500Ｗの電子レンジで6分加熱。上下を変えるように混ぜ、さらに6分加熱。そのまま10分蒸らす。

おもちの麹磯辺

材料

おもち…4個
のり…4枚
塩麹…小さじ1
きび砂糖…大さじ1

1 塩麹と、きび砂糖をよく混ぜておく。

2 おもちをこんがりと焼いて、1をからめ、のりをまく。

おかかと鮭のおにぎり

材料

ご飯…茶碗3杯分

鮭フレーク…大さじ1と1／2

かつお節…1袋（3g）

　しょう油…少々

塩麹…小さじ1

　水…小さじ2

　塩…小さじ1／4

1 かつお節はしょう油少々で湿らせておく。

2 塩麹を水で溶きペースト状にして、そこに塩を溶く。

3 ご飯は４等分して、**2** を手につけて、鮭フレークまたは **1** を芯に握る。

4 のりで巻くか、炒りゴマをまぶし、早めに頂く。

焼きおにぎり

材料

ご飯…茶わん軽く3杯分

塩麹…大さじ3

1 ご飯は熱い状態のものを４等分して、小さめのおにぎりを４つ作る。水少々を手につけて、小さめにしっかりと握る。

2 皿などに立てかけて、表面を乾かす。

3 オーブントースター用の焼き皿にアルミホイルをしいて **2** を並べ、片面ずつカリカリになるまで焼く。

4 塩麹を表面に塗って、さらに焼く。

豆ご飯

材料（3～4人分）

米…2合

グリンピース（さやつき）…200g

昆布…5センチ角

塩麹…大さじ1

1 米は普通の水加減で浸水させる。

2 グリンピースは、さやから出して水につける。全部むいたら、水から引きあげる。

3 炊く直前に、塩麹を加えて混ぜ、6つに切った昆布、水気をよく切ったグリンピースを上にのせて、普通に炊く。

とうもろこしご飯

材料（3～4人分）

米…2合

とうもろこし…大1本（正味200g）

昆布…5センチ角

塩麹…大さじ1

Memo

バター大さじ1を加えて炊くと、ピラフ風の味わいになります。

1 米は洗って普通の水加減で浸水させる。

2 とうもろこしは包丁で実をこそいで取る。

3 炊く直前に、塩麹を混ぜ、6つに切った昆布を加え、**2**を上にのせて、普通に炊く。

塩麹焼きそば

材料

蒸し中華麺…2玉
　酒…小さじ2
　しょう油…小さじ2
豚肉切り落とし…100g
　塩麹…小さじ1／2
　コショウ…少々
ニンニク…1かけ
にんじんの短冊切り
　　　　…小1／2本分
きゃべつのざく切り
　…葉大2枚分（200ｇ）
ニラ…1／2本分（50g）
油…大さじ2
塩麹…大さじ1
塩…少々
コショウ…少々
温泉卵…2個

1 蒸し麺に酒をふり、ラップをかけて500 Wの電子レンジで約3分加熱して、しょう油をまぶしておく。

2 ニラは4センチの長さに切る。

3 豚肉に塩麹とコショウをもみこむ。

4 油大さじ1を熱したフライパンに**1**を平らに広げる。押し付けて片面ずつこんがりと焼き、取り出す。

5 油を足して、ニンニク、豚肉、にんじん、きゃべつの順に炒め合わせる。

6 **4**を戻し、塩麹と**2**を加えて全体を炒め合わせる。塩、コショウで味を調える。

7 温泉卵を盛りつける。

親子うどん

材料

茹でうどん（冷凍など）…2玉

だし汁…3カップ

玉ねぎ…1個

塩麹…大さじ2

鶏ひき肉…100g

しょう油…大さじ1

卵…2個

万能ねぎ…2～3本

おろしショウガ…少々

1 玉ねぎは、縦半分に切って、横1センチ幅に切りほぐしておく。万能ねぎは小口切りにする。

2 だし汁に玉ねぎを入れて2～3分好みの加減に煮る。

3 塩麹を加え、ひき肉を大まかにほぐし入れる。

4 しょう油で味を調え、ごく大まかにほぐした卵を流し入れる。

5 温めたうどんの水分を切って丼に入れ、**4** をかけ、万能ねぎとおろしショウガを添える。

ペペロンチーノ

材料

パスタ…160g
オリーブ油…大さじ2
ニンニク…大1個
赤唐辛子…1本
アンチョビ…2切れ
塩麹…小さじ2

1 パスタは、海水くらいの濃さの塩分に塩（分量外）を加えた湯で、袋にある目安時間より１分ほど短めに茹でる。

2 ニンニクの薄切りとオリーブ油を弱火にかけ、種を取って輪切りにした赤唐辛子も入れて、香りが出るまでじっくりと炒める。

3 アンチョビを加えて炒め、続いて塩麹を加えて炒める。

4 茹であがったパスタを加え、**1**の茹で汁も適宜加えて味を調える。

和風カルボナーラ

材料

パスタ…160g

ベーコン…2枚

オリーブ油…小さじ2

Ⓐ
- 卵黄…2個
- 生クリーム…1／2カップ
- 牛乳…1／4カップ
- パルミジャーノレッジャーノをおろしたもの…20g
- 塩麹…小さじ1

粗びき黒コショウ…適量

1 ソースの材料Ⓐをよく混ぜ合わせておく。

2 パスタは、海水くらいの濃さの塩分に塩を加えた湯で、袋にある目安時間より1分ほど短めに茹でる。

3 1センチ幅に切ったベーコンを熱した油でこんがりとなるまで炒める。

4 茹であがった2を加え、ベーコンの油をからめる。

5 1を加えて火を止め、全体を混ぜて余熱で火を通す。粗びき黒こしょうをたっぷりとふる。

完熟トマトの冷製パスタ

材料
細めのパスタ
（フェデリーニ、カッペリーニ
など）…160g
トマト…中2個（300g）
　塩麹…大さじ1
　レモン汁…大さじ1
ツナ（缶詰）…大さじ2
オリーブ油…大さじ2
イタリアンパセリ…少々
粗びきコショウ…少々

Memo
トマトはミニトマトでもOK。その場合は、30個くらい使いましょう。

1 トマトは、熱湯に通してから冷水に取る。皮をむき、水分をよく切る。

2 1センチ角に切って、塩麹とレモン汁を加え混ぜて冷やしておく。

3 ツナは油を切る。

4 パスタは袋に書いてある目安時間の通りに茹でて、冷水に取って手早く冷やし、水気をぎゅっとしぼる。

5 2のソースをかけ、ツナをのせて、オリーブ油を回しかける。ちぎったイタリアンパセリを散らし、粗びきコショウをかけて仕上げる。

あさりとアスパラの塩麹パスタ

材料

パスタ…160g
あさり殻付き…300g
アスパラガス
…10～15本（250g）
赤唐辛子…1本
ニンニクのみじん切り
…1かけ分
オリーブ油…大さじ2
塩麹…小さじ2w
水…大さじ3

1 あさりは砂抜きして、殻ごとよくこすり洗いする。

2 アスパラガスは4センチの長さに切り、太ければ縦半分に切る。

3 ニンニク、種を取った赤唐辛子、オリーブ油を弱火にかけ、香りが出たら、塩麹を加えて炒める。水、あさりを加え、口が開くまでふたをして加熱する。

4 同時にパスタを茹でる。海水くらいの濃さの塩分に塩（分量外）を加えた湯で、袋の時間より1分短めに茹でる。その1分前に2を加えて一緒に茹でる。

5 湯をざっと切り、3へ加え全体をよく混ぜる。

Memo

アスパラガスは、下処理として硬い部分を切り取り、さらに下の方の皮をむいておくこと。

第9章

スイーツ

塩麹マフィン

材料（作りやすい分量）
無塩バター…100g
砂糖…100g
卵…3個
塩麹…大さじ1と1／2
Ⓐ 小麦粉…150g
　 ベーキングパウダー…小さじ1
レーズン…大さじ6
くるみ…大さじ6

Memo
くるみは、オーブントースターなどでこんがりとローストしてから冷まし、小さく折りましょう。

1 レーズンはぬるま湯で洗う。くるみは小さく折る。

2 室温でやわらかくなったバターに砂糖を加え、白っぽくなるまですり混ぜる。

3 卵1個と塩麹を加えて、よく混ぜる。なじんだら次の1個を加えてサッと混ぜ、すぐに合わせておいたⒶを約半量ふるい入れる。

4 ざっと混ぜ、残りの卵をよく溶いて加える。さらにざっと混ぜ、残りのⒶと**1**を加えて、なめらかになるまで混ぜる。

5 マフィンの型に入れ、180度のオーブンで約20分焼く。

ふわふわシフォンケーキ

材料
（作りやすい分量）

卵黄…3個分

Ⓐ
- 砂糖…20g
- ハチミツ…10g

サラダ油…大さじ3

塩麹…小さじ2〜3

水…大さじ2と2／3

Ⓑ
- 小麦粉…80g
- ベーキングパウダー…小さじ1／2

卵白…4個分

砂糖…50g

1 塩麹は、スプーンの背でなめらかにしてから、水を加えて溶く。

2 卵黄を溶きほぐし、Ⓐを加えて、マヨネーズ状になるまでしっかりと泡立てる。

3 卵白は冷やしておき、角が立つまでしっかり泡立てる。砂糖を3回に分けて加え、メレンゲにする。

4 2に、サラダ油を少しずつ加えてなじませる。1を加えてさっと混ぜる。

5 Ⓑをふるい入れ、泡立て器で混ぜる。3の半量を入れてむらなく混ぜる。残りも加えて、白いメレンゲが見えなくなるくらいまで混ぜる。

6 シフォンケーキ専用の型に入れ、170度のオーブンで約40分焼く。

7 型をさかさまにしてそのまま冷ます。

塩麹スコーン

材料（約12個分）

Ⓐ
- 小麦粉…200g
- ベーキングパウダー…小さじ2
- きび砂糖…25g

無塩バター…50g

Ⓑ
- 卵黄…1個分
- ヨーグルト…100g
- 塩麹（ペースト状）…大さじ1

Memo

焼きたての熱々に、ジャムやクロテッドクリームなどを添えていただきましょう。

1 Ⓐを合わせてふるう。

2 無塩バターを薄切りにして加え、指先でつぶすようにして粉をまぶしながら細かくし、パラパラの状態にする。

3 Ⓑをよく混ぜる。

4 2に3を加え、さい箸で全体を混ぜる。ギュッと押しつけて、ひとまとめにする。

5 ラップなどにはさんで、1センチの厚みに整える。4～5センチ直径のリング型で抜くか、4センチ角の正方形に切る。

6 180度に熱したオーブンで、約20分焼く。

塩麹アイス

材料（作りやすい分量）

市販のラクトアイス…500g
ヨーグルト…200g
ハチミツ…大さじ1
塩麹…小さじ2

Memo

乳脂肪の少ないラクトアイスの方がさっぱりできます。バナナをつぶしたものや、他のフルーツやナッツを加えてもおいしい。ただし、混ぜているうちに完全に溶けてしまうと、空気が抜けて出来上がりの口当たりが悪くなるので注意して。

1 ヨーグルトにハチミツと塩麹を混ぜる。バットなどに移し冷凍庫で凍らせる。

2 凍った **1** をざっと砕く。

3 ラクトアイスをへらなどで練っておく。**2** を加えて手早く混ぜて、再び固まるまで冷やす。

和風ビスケット

材料（作りやすい分量）

Ⓐ
- 小麦粉…100g
- きび砂糖…大さじ1
- ベーキングパウダー…小さじ1／4

無塩バター…30g

Ⓑ
- 塩麹…小さじ2〜3
- 牛乳…大さじ1と1／2〜2

牛乳…少々

小麦粉…少々

1 Ⓐを合わせてふるう。

2 無塩バターを薄切りにして加え、指先でつぶすようにして粉をまぶしながら、パラパラの状態にする。

3 Ⓑを合わせて**2**に加え、さい箸などで混ぜて全体をまとめる。水分が足りないようなら、さらに牛乳を少々足す。

4 小麦粉を薄くひいたまな板の上で、２ミリの厚さにのばす。

5 オーブン用のシートを敷いた天板に移し、ナイフなどで5センチ角になるように点々と切れ目を入れる。模様をかねた空気穴も空ける。

6 170度に熱したオーブンで約20分焼く。熱いうちに切れ目の通りに割る。

和風ビスケットのバリエーション 作り方は、基本と一緒です。

青のりと桜エビの和風ビスケット

材料
（作りやすい分量）

Ⓐ
- 小麦粉…100g
- きび砂糖…大さじ1
- ベーキングパウダー…小さじ1／4

無塩バター…30g
青のり…大さじ1
桜エビ…大さじ3

Ⓑ
- 塩麹…小さじ2〜3
- 豆乳…大さじ2〜2と1／2

Memo
桜エビは、空炒りして冷まし、手でもんで細かくして、青のりと一緒に2の後に加えます。

抹茶とミルクの和風ビスケット

材料
（作りやすい分量）

Ⓐ
- 小麦粉…100g
- きび砂糖…大さじ1
- ベーキングパウダー…小さじ1／4
- 抹茶…小さじ2

無塩バター…30g

Ⓑ
- 塩麹…小さじ2〜3
- 牛乳…大さじ2

Memo
抹茶は、他の粉類と一緒にふるいます。

にんじんとゴマの和風ビスケット

材料
（作りやすい分量）

Ⓐ
- 小麦粉…100g
- きび砂糖…大さじ1
- ベーキングパウダー…小さじ1／4

無塩バター…30g
炒りゴマ…大さじ3

Ⓑ
- 塩麹…小さじ2〜3
- にんじんをおろしてしぼったしぼり汁…大さじ1と1／2〜2

Memo
炒りゴマは、作り方2の後に加えます。にんじんのしぼり汁は牛乳の代わりに加えます。

白玉のメープル塩麹がけ

材料

白玉粉…100g

きぬごし豆腐…約120g

塩麹…小さじ1

メープルシロップ…大さじ4

Memo

2のとき、逆にやわらかくてまとまらなければ、ペーパータオルを密着させて、水分を吸い取りましょう。

1 メープルシロップと塩麹を混ぜて冷やしておく。

2 白玉粉に豆腐を加えてなめらかになるまでよく練る。全部入れて、かたければほんの少しずつ水を加えて、なめらかで手につかない状態に整える。

3 小さく丸めて、中心をくぼませて、たっぷりの湯で茹でる。フワフワと浮いてきたらさらに1～2分茹でて、冷水に取る。

4 水分をよく切って、1をかける。

こくうまミルク寒天

材料

粉寒天…2g

ぬるま湯…1と1／4カップ

砂糖…50ｇ

塩麹…小さじ2

牛乳…1と1／4カップ

1 粉寒天は、ぬるま湯に入れてしばらく置く。

2 火にかけて混ぜながら煮たてる。弱火にしてさらに1～2分煮て、砂糖を加え、さらに4～5分煮る。

3 塩麹を加えて一煮して、火からおろし、牛乳を加えて手早くよく混ぜる。

4 グラスなどに注いで冷やし固める。

Memo

固まったら、フルーツや、水でゆるめたジャムをソースとしてかけてもいい。

スイカの塩麹からめ

材料

スイカ…1／8個

塩麹…小さじ2

1 スイカは、皮と種を取り、大きめの一口大に切る。

2 塩麹をからめる。

Memo

メロンやリンゴなどほかのフルーツでも。

大学芋の麹からめ

材料

さつまいも…大1本
塩麹…小さじ2
砂糖…大さじ5
ハチミツ…大さじ1
水…大さじ2
黒炒りゴマ…小さじ2
揚げ油…適量

1 さつまいもは、皮をよく洗って、大きめの乱切りにする。中温の油に入れて 15 分くらいかけて、ゆっくりと揚げる。

2 火が通ると浮いてくる。さらに色がつくくらいまでしっかりと揚げる。

3 塩麹、砂糖、ハチミツと水を鍋に入れて煮つめる。

4 熱い揚げたてのさつまいもに 3 のみつをからめて、黒炒りゴマをふる。

甘辛いも餅

材料

じゃがいも…大3個

かたくり粉…大さじ5～6

無塩バター…大さじ2～4

Ⓐ
- 塩麹…小さじ2
- 砂糖…大さじ6
- しょう油…小さじ1

1 Ⓐを混ぜ合わせておく。

2 じゃがいもは皮をむいて4等分に切り、水から中火にかけ、少し崩れるくらいまで茹でる。

3 湯を捨てて、再び鍋を中火にかけ、水分を飛ばす。

4 熱いうちに、細かくつぶす。さらに、へらで練ってなめらかにして、かたくり粉を加えてよく練る。

5 16等分して丸め、平らにして冷ます。

6 バターを熱したフライパンで、両面をこんがりと10分くらいかけて焼く。

7 油分を拭き取り、火を止めて1を加え、からめる。

ほろにがキャラメルジャム

材料
グラニュー糖…150g
生クリーム（脂肪36％）…1／2カップ
無塩バター…30g
塩麹…小さじ2

1 グラニュー糖をホーローなどの鍋に入れる。平らに整え、中火で熱する。

2 半分以上溶けて、色がついてきたら、鍋を傾けながら全体がこんがりと色づくくらいまで熱する。

3 温めておいた生クリームを3回くらいに分けて加える。入れた瞬間は、吹き上がるので注意して。

4 最後のクリームを入れたら、薄切りにしたバターと塩麹も加える。火を止めよく混ぜてそのまま冷ます。

第10章

たれ ドレッシング ソース ディップ

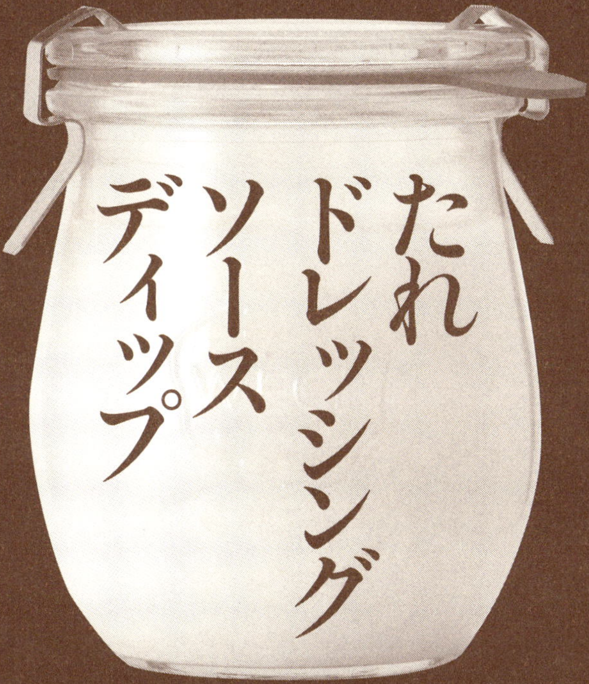

たれ

料理のレパートリーがなかなか増えない。
そんなときは、塩麹を使った"たれ"がおすすめ。
味付けが単調になりがちがちな定番レシピが、
新しい味に変身します！

こくうましょう油だれ

材料
塩麹…大さじ1
しょう油…大さじ1
みりん…大さじ1
水…大さじ1

1 すべての材料をよく混ぜ、500W の電子レンジで 1 分加熱する。途中で取り出して 1 度混ぜる。

こんな料理にオススメ
焼きなす、豆腐などに。

甘辛味噌だれ

材料
塩麹…大さじ1
味噌…小さじ2
砂糖…小さじ1
酒…大さじ1
水…大さじ3

1 すべての材料をよく混ぜ、500W の電子レンジで 1 分加熱する。途中で取り出して 1 度混ぜること。

こんな料理にオススメ
豆腐、厚揚げ、茹でた肉や野菜などに。

ウスター塩麹だれ

材料

塩麹…大さじ1

水…大さじ2

ウスターソース…大さじ1

玉ねぎのみじん切り…大さじ1

コショウ…少々

1 すべての材料をよく混ぜる。15分ほど置いてなじませる。

こんな料理にオススメ

魚のフライや、鶏肉のソテーなどに。

ケチャップ塩麹だれ

材料

トマトケチャップ…大さじ2

塩麹…小さじ2

レモン汁…小さじ1

しょう油…小さじ1

水…大さじ1

サラダ油…大さじ1

1 サラダ油以外の材料をよく混ぜて、5分ほど置く。

2 サラダ油を加える。

こんな料理にオススメ

揚げわんたん（P.68）などの揚げ物に。

ねぎ塩麹だれ

材料

塩麹…大さじ1

青ねぎのみじん切り…大さじ5

水…大さじ1

コショウ…少々

しょう油…小さじ2

1 すべての材料をよく混ぜる。

こんな料理にオススメ

焼肉などに。

レモン塩麹だれ

材料

塩麹…小さじ2

水…大さじ1

レモン汁…大さじ3

レモンの表皮…1個分

粗びきコショウ…少々

1 レモンは黄色い表皮だけをそぎ取って、細切りにする。

2 すべての材料をよく混ぜる。

こんな料理にオススメ

塩かき揚げ(P.66)などの揚げ物に。

ニンニク塩だれ

材料

塩麹…大さじ1

ニンニク…1かけ

ねぎ…1/2本

しょう油…小さじ1

ゴマ油…小さじ2

1 ニンニク、ねぎはみじん切りにする。

2 他の材料とよく混ぜて、なじむまで15分ほど置く。

こんな料理にオススメ

茹でた肉・蒸した肉、揚げた魚などに。

納豆だれ

材料

塩麹…大さじ1

ひき割り納豆…大さじ5

野沢菜漬け(あるいは他の漬け物)を細かく刻んだもの…大さじ1杯分

1 全部をよく混ぜる。

こんな料理にオススメ

冷や奴、茹でたじゃがいも、里芋などに。

ドレッシング

塩麹のうまみを活かしたドレッシングなら、
野菜サラダや冷や奴、ボイルした肉、魚などに、
手軽においしさをプラスできます。

ノンオイルうまみドレッシング

材料

塩麹…大さじ1
しょう油…小さじ2
水…大さじ1と1／2
酢…大さじ1
かつお節…1袋（3g）
昆布茶…2つまみ

1 すべての材料をよく混ぜて5分ほど置く。

ノンオイル玉ねぎドレッシング

材料

みじん切りの玉ねぎ…大さじ5
塩麹…大さじ2
粗びきコショウ…少々
レモン汁…大さじ1〜2

1 玉ねぎのみじん切りに塩麹を混ぜて30分ほど置く。
2 他の材料を混ぜる。

ノンオイルガーリックドレッシング

材料
ニンニクのみじん切り…小1／2かけ
塩麹…大さじ1　　レモン汁…大さじ2
粗びき黒コショウ…少々
しょう油…小さじ1　水…大さじ1
すりゴマ…大さじ1

1 すべての材料をよく混ぜて5分ほど置く。

ノンオイル豆腐ドレッシング

材料
きぬごし豆腐…大さじ5
塩麹…大さじ1　かつお節…1袋（3g）
しょう油…小さじ2

こんな料理にオススメ
トマトサラダなどに。

1 豆腐は、泡だて器でなめらかになるまで混ぜる。
2 残りの材料すべてをよく混ぜて、5分ほど置く。

ハーブドレッシング

材料
バジル、パセリ、イタリアンパセリ、万能ねぎなどお好みの
　ハーブを刻んだもの…大さじ1
塩麹…大さじ1
コショウ…少々
酢…大さじ1
水…大さじ1
オリーブ油…大さじ1

1 塩麹とコショウ、水をよく混ぜ、5分ほど置いてなじんだら、油を加えてよく混ぜる。
2 刻んだハーブを加える。

＊酢の作用で、ハーブの緑色はくすんでしまいますが、2，3日は味は変わりません。

中華風ドレッシング

材料

塩麹…大さじ1　水…大さじ3
しょう油…小さじ2
ニンニクのすりおろし…ごく少々
オイスターソース…小さじ2
酢…小さじ2　ゴマ油…大さじ1

こんな料理にオススメ
蒸し鶏、茹でた豚、茹でたもやしなどに。

1 ゴマ油以外の材料をよく混ぜて、5分ほど置く。

2 ゴマ油を加える。

ゴマドレッシング

材料

練りゴマ…大さじ2
塩麹…大さじ1
レモン汁…大さじ1
水…大さじ1
黒炒りゴマ…小さじ1

1 すべての材料をよく混ぜる。

＊小さめの泡立て器を使うと混ぜやすい。

ピリ辛ドレッシング

材料

塩麹…大さじ1　豆腐…大さじ4
コチジャン…小さじ2
ねぎのみじん切り…小さじ2
ゴマ油…大さじ1

こんな料理にオススメ
海藻サラダ、大根サラダなどに。

1 豆腐は、細かくくずしておく。

2 ねぎのみじん切りとゴマ油以外の材料をよく混ぜて、5分ほど置く。

3 ねぎとゴマ油を加える。

ゆずドレッシング

材料

ゆず表皮のすりおろし…1／2個分
ゆず果汁…大さじ1
塩麹…大さじ1
水…大さじ1と1／2
みりん…小さじ2
サラダ油…大さじ1

こんな料理にオススメ

大根サラダ、冷や奴などに。鍋のたれにも。

1 サラダ油以外の材料をよく混ぜて、5分ほど置く。

2 サラダ油を加える。

＊ゆずの皮は、白い部分が入ると苦くなるので、黄色い表皮のところだけをすりおろす。

ジンジャードレッシング

材料

塩麹…大さじ1
しょう油…小さじ1
水…大さじ1と1／2
サラダ油…大さじ1
ショウガ…1片
酢…大さじ1

1 ショウガはすりおろす。サラダ油以外の材料をよく混ぜて5分置く。

2 サラダ油を加え混ぜる。

にんじんドレッシング

材料

にんじんのすりおろし…大さじ3
塩麹…大さじ2
オレンジのしぼり汁…大さじ2
水…大さじ1
オリーブ油…大さじ1
コショウ…少々

1 にんじんのすりおろしに塩麹を混ぜて、5分置いて全体をなじませる。

2 残りの材料を加えてよく混ぜる。

おろしきゅうりドレッシング

材料

塩麹…大さじ1　きゅうり…1／2本

レモン汁…大さじ1　コショウ…少々

チリパウダー…少々

オリーブ油…大さじ1

こんな料理にオススメ

シーフードサラダ、海藻サラダなどに。

1 きゅうりはすりおろし、塩麹とよく混ぜて5分ほど置く。

2 残りの材料を加えてよく混ぜる。

トマトドレッシング

材料

塩麹…大さじ1

トマト…約1／4個（大さじ4）

酢…小さじ2　コショウ…少々

オリーブ油…大さじ1

こんな料理にオススメ

冷や奴や、豆腐ステーキに。

1 トマトは皮をむき、種を指などで取る。余分な水分は切って、1センチ角に切る。塩麹と酢、コショウを加えて混ぜて5分置く。

2 オリーブ油を加える。

ねぎ味噌ドレッシング

材料

味噌…小さじ2　塩麹…大さじ1

ねぎのみじん切り…大さじ3

酢…大さじ1　水…大さじ1

サラダ油…大さじ1

こんな料理にオススメ

大根サラダや、茹でた肉に。

1 ねぎとサラダ油以外の材料をよく混ぜて、5分ほど置く。

2 ねぎとサラダ油を加えて混ぜる。

エビのりドレッシング

材料
桜エビ…大さじ1
青のり…小さじ1
塩麹…大さじ1
水…大さじ3
酢…小さじ2
みりん…小さじ2
サラダ油…大さじ1

1 桜エビは、フライパンでからいりして冷まし、手でもんで細かく砕く。
2 サラダ油以外の材料をよく混ぜて、5分ほど置く。
3 サラダ油を加え混ぜる。

こんな料理にオススメ
豆腐サラダ、大根サラダなどに。

磯辺ドレッシング

材料
のり…1枚
万能ねぎのみじん切り…大さじ2
塩麹…大さじ1
みりん…大さじ1
水…大さじ2
しょう油…小さじ2
酢…小さじ1
サラダ油…大さじ1

1 のりを細かくちぎる。
2 1とサラダ油以外の材料をよく混ぜて、5分ほど置く。
3 サラダ油を加え混ぜる。

こんな料理にオススメ
茹でた鶏肉、茹でたエビ、大根サラダなどに。

ソース

そのままでもおいしいけれど、今日はさらに手をかけたい。そんなときは塩麹を使った“ソース”の出番です。
ほんのひと手間で、家庭料理がお店の味へとグレードアップ！

おろしソース

材料
大根おろし…大さじ4
塩麹…小さじ2
酢…大さじ1
しょう油…小さじ2
ゴマ油…小さじ1

1 ゴマ油以外の材料をよく混ぜて、5分ほど置く。
2 ゴマ油を加え混ぜる。

中華風ピリ辛ソース

材料
塩麹…大さじ1
豆板醤…小さじ1／2
酢…大さじ1
水…大さじ1
ゴマ油…大さじ1

1 すべての材料をよく混ぜる。

こんな料理にオススメ
魚のソテーに。

ポン酢ソース

材料
すだち果汁…大さじ1と1／2
塩麹…小さじ2
水…大さじ1
しょう油…小さじ2
砂糖…小さじ1
サラダ油…小さじ2

1 サラダ油以外の材料をよく混ぜて、5分ほど置く。
2 サラダ油を加え混ぜる。

ゆずコショウソース

材料
塩麹…小さじ2
水…大さじ2
酢…小さじ2
ゆずコショウ…小さじ1／2〜1
みりん…小さじ2

1 すべての材料をよく混ぜて、5分ほど置く。

こんな料理にオススメ
焼き鳥や、焼き油あげなどに。

ローストオニオンの塩麹ソース

材料
玉ねぎ…1／4個
油…大さじ1　赤ワイン…大さじ2
塩麹…大さじ1
しょう油…小さじ1コショウ…少々

こんな料理にオススメ
焼いた肉料理全般に。

1 玉ねぎはみじん切りにして、油で炒める。
2 玉ねぎが色づいたら、赤ワインを入れアルコール分を飛ばす。
3 残りの材料を加えて軽く煮込む。

チーズソース

材料
塩麹…小さじ2
水…大さじ1
白ワイン…大さじ1
レモン汁…大さじ1
粗びきコショウ…少々
パセリみじん切り…小さじ2
粉チーズ…小さじ1

1 すべての材料をよく混ぜて5分置く。

こんな料理にオススメ
魚のフライなどに。

マスタードソース

材料
塩麹…小さじ2粒　マスタード…小さじ1
玉ねぎみじん切り…大さじ2
パセリみじん切り…小さじ1
皮をむいて種をとった
トマトのみじん切り…大さじ2
酢…小さじ2
コショウ…少々

1 すべての材料をよく混ぜて、5分ほど置く。

こんな料理にオススメ
鶏肉のソテーなどに。

ヨーグルトソース

材料
ヨーグルト…大さじ4　塩麹…大さじ1
コショウ…少々　にんにくのすりおろし…ごく少々
酢…小さじ1　オリーブ油…大さじ1

こんな料理にオススメ
蒸したじゃがいも、カボチャなどに。

1 オリーブ油以外の材料をよく混ぜて、5分ほど置く。
2 オリーブ油を加えてよく混ぜる。

オリーブソース

材料

塩麹…大さじ1

オリーブ…大さじ2

ピーマン…小1個

レモン汁…大さじ1

水…大さじ1

チリパウダー…少々

オリーブ油…大さじ1

1 オリーブとピーマンは、細かく刻む。

2 1と、オリーブ油以外の材料をよく混ぜて、5分ほど置く。

3 オリーブ油を加え混ぜる。

こんな料理にオススメ

塩、コショウしてソテーした肉に。

きのこソース

材料

えのきだけ

…1パック（100g）

ゴマ油…大さじ1

塩麹…大さじ1

酢…小さじ2

七味唐辛子…少々

1 えのきだけは、端から細かく切る。ゴマ油で炒めて冷ます。

2 塩麹と酢と七味唐辛子を加えてよく混ぜる。5分以上置く。

こんな料理にオススメ

鶏肉のソテーなどに。

りんごソース

材料

すりおろしりんご…大さじ4

セロリのみじん切り…大さじ1

塩麹…小さじ2

コショウ…少々

酢…小さじ1

サラダ油…大さじ1

1 サラダ油以外の材料をよく混ぜて、5分ほど置く。

2 サラダ油を加え混ぜる。

こんな料理にオススメ

豚肉のソテーに。

タルタルソース

材料

塩麹…小さじ2

ゆで卵…1個

マヨネーズ…大さじ3

ピクルス…1個

牛乳…大さじ1

コショウ…少々

1 ゆで卵とピクルスはみじん切りにする。

2 牛乳以外の材料を混ぜ、牛乳を加えてのばす。

こんな料理にオススメ

魚のフライなどに。

ディップ

これさえあれば、生野菜やトーストが
りっぱな一品に早変わりする“ディップ”。
混ぜるだけの簡単レシピも、塩麹を使うだけで
イマドキの味に。ホームパーティのときにも使えます。

コーンマヨネーズディップ

材料

塩麹…大さじ1
マヨネーズ…大さじ3
クリームコーン…大さじ2
セロリのみじん切り
…大さじ1
わさび…少々

1 すべての材料をよく混ぜる。

こんな料理にオススメ
カリッと焼いたトーストやクラッカーに。

ツナマヨディップ

材料

塩麹…大さじ1
ツナ缶…50g
マヨネーズ…大さじ2
玉ねぎのみじん切り
…大さじ1
辛子…少々

1 ツナは、油をしっかりとしぼる。
2 他の材料とよく混ぜる。

こんな料理にオススメ
カリッと焼いたトーストに。サンドイッチの具としても。

かぼちゃディップ

材料

かぼちゃ

…4～5センチ角（50g）

塩麹…大さじ1

コショウ…少々

マヨネーズ…大さじ2

1 かぼちゃは、ラップに包んで500Wの電子レンジで約3分、やわらかくなるまで加熱する。熱いうちに皮を除いて、フォークで細かくつぶす。

2 塩麹、コショウ、マヨネーズを混ぜる。

こんな料理にオススメ

蒸したささみなどに。

アボカドディップ

材料

塩麹…大さじ1

アボカド

…1／2個（50g）

オリーブ油…小さじ2

レモン汁…小さじ2

しょう油…小さじ1

一味唐辛子…少々

1 アボカドは、フォークなどで細かくつぶす。

2 他の材料とよく混ぜる。

こんな料理にオススメ

カリッと焼いたトースト、チップスなどに。サンドイッチの具にしても。

タラモサラダ風ディップ

材料

じゃがいも…1個

牛乳…大さじ1～2

塩麹…大さじ1

明太子…1／2腹

オリーブ油…大さじ2

1 じゃがいもは皮をむいて、8等分に切りやわらかく茹でる。

2 熱いうちに細かくつぶし、牛乳で溶いた塩麹を加えてよく混ぜる。

3 粗熱が取れたら、薄皮を取ってほぐした明太子とオリーブ油を加えて混ぜる。

こんな料理にオススメ

野菜スティック、カリッと焼いたトーストに。

鮭ディップ

材料

塩麹…大さじ1

もめん豆腐…5センチ角

鮭フレーク…大さじ1～2

1 もめん豆腐は、紙タオルを何枚か重ねたバットにつぶしながら押し付けて、水気をしっかり切る。

2 他の材料とよく混ぜる。

こんな料理にオススメ

野菜スティックに。

バーニャカウダ風ディップ

材料

ニンニク…大1個

牛乳…3／4カップ

塩麹…大さじ1

オリーブ油…大さじ3

コショウ…少々

アンチョビ…1～2切れ

1 ニンニクは、縦半分に切って芯を取り、牛乳でやわらかくなるまで煮る。

2 やわらかくなったニンニクを細かくつぶす。アンチョビもつぶす。

3 2、塩麹、オリーブ油、コショウをよく混ぜる。1の牛乳少々を加えてもよい。

こんな料理にオススメ

野菜スティックや温野菜に。

カレーディップ

材料

塩麹…大さじ1

マヨネーズ…大さじ3

オイルサーディン…6～7切れ

カレー粉…小さじ1

パセリのみじん切り…小さじ2

1 オイルサーディンは細かくつぶす。

2 他の材料とよく混ぜる。

こんな料理にオススメ

カリッと焼いたトーストやクラッカーに。

クリームチーズディップ

材料
塩麹…大さじ1
クリームチーズ…大さじ5
好みのハーブ（バジル、パセリ、チャイブなど）のみじん切り…大さじ1
レモン汁…小さじ2
コショウ…少々

1 クリームチーズは室温に出しておき、やわらかくなったらすべての材料をよく混ぜる。

こんな料理にオススメ
クラッカー、野菜スティックなどに。

ヨーグルトディップ

材料
塩麹…大さじ1
ヨーグルト…100g
味噌…小さじ1
オリーブ油…大さじ1
バジル…2～3枚

こんな料理にオススメ
茹でた野菜や、いもなどに。

1 ヨーグルトは、ペーパータオルを重ねたところに広げて、水分を吸い取る。何回か紙を変えて、ペースト状にする。
2 塩麹と味噌に 1 を少しずつ加えてよく混ぜる。
3 バジルのみじん切りとオリーブ油を加える。

ガーリックバターディップ

材料
塩麹…大さじ1
無塩バター…大さじ4
ニンニクのすりおろし…少々
コショウ…少々
パセリみじん切り…小さじ2
レモン汁…小さじ2

1 やわらかくしたバターに、他の材料を加えてよく混ぜる。

こんな料理にオススメ
クラッカーやグリッシーニ、薄切りにしたパンなどに。

レーズンバターディップ

材料
塩麹…大さじ1
無塩バター…大さじ6
レーズン…大さじ1
おつまみ用の
　ミックスナッツ…大さじ2

1 レーズンはさっと洗ってざくざくと切る。ナッツも細かく切っておく。
2 バターをやわらかく練って、塩麹と **1** を加える。

こんな料理にオススメ
クラッカーやグリッシーニ、薄切りにしたパンなどに。

ピーナッツバターディップ

材料
塩麹…大さじ1
ピーナッツバター
　…大さじ3
みりん…大さじ1
砂糖…小さじ2

1 すべての材料をよく混ぜる。

こんな料理にオススメ
焼いた油揚げや、大根スティックに。

アーモンドディップ

材料
塩麹…大さじ1
味噌…大さじ1
砂糖…大さじ2
おつまみ用の
　アーモンド…大さじ3

1 アーモンドは細かく刻む。
2 他の材料とよく混ぜる。

こんな料理にオススメ
豆腐、野菜スティック、などに。

食材別料理INDEX

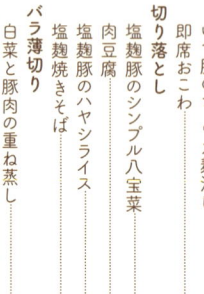

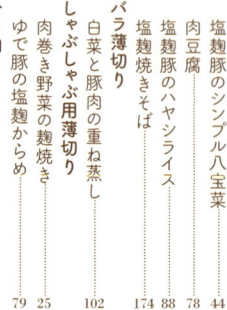

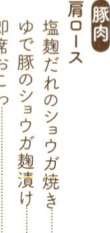

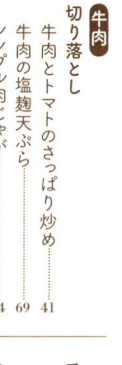

青春新書
PLAYBOOKS

人生を自由自在に活動《プレイ》する

人生の活動源として

いま要求される新しい気運は、最も現実的な生々しい時代に吐息する大衆の活力と活動源である。

文明はすべてを合理化し、自主的精神はますます衰退に瀕し、自由は奪われようとしている今日、プレイブックスに課せられた役割と必要は広く新鮮な願いとなろう。

いわゆる知識人にもとめる書物は数多く窺うまでもない。

本刊行は、在来の観念類型を打破し、謂わば現代生活の機能に即する潤滑油として、逞しい生命を吹込もうとするものである。

われわれの現状は、埃りと騒音に紛れ、雑踏に苛まれ、あくせく追われる仕事に、日々の不安は健全な精神生活を妨げる圧迫感となり、まさに現実はストレス症状を呈している。

プレイブックスは、それらすべてのうっ積を吹きとばし、自由闊達な活動力を培養し、勇気と自信を生みだす最も楽しいシリーズたらんことを、われわれは鋭意貫かんとするものである。

―創始者のことば― 小澤和一

著者紹介

小川聖子〈おがわ　せいこ〉

料理研究家。女子栄養大学を卒業後、洋菓子や料理全般の研究に邁進する。日本各地の産物を活かした料理や商品の開発アドバイスを行っており、ブームになる前から塩麹にも注目し、利用してきた。現在は、大学講師として食文化、調理学を教えるかたわら、自身も大学院博士課程で、日本の食文化を研究している。専門は日本の伝統食と漬け物。テレビの料理番組でも活躍しており、著書も多数。

Staff

本文デザイン
orange bird

イラスト
福井 邦人

撮影
朝倉 博

塩麹《しおこうじ》の活用《かつよう》便利《べんり》帳《ちょう》

青春新書 PLAYBOOKS

2012年7月10日　第1刷

著　者　小《お》川《がわ》聖《せい》子《こ》

発行者　小澤源太郎

責任編集　株式会社プライム涌光

電話　編集部　03(3203)2850

発行所　東京都新宿区若松町12番1号 〒162-0056　株式会社青春出版社

電話　営業部　03(3207)1916　振替番号　00190-7-98602

印刷・中央精版印刷　製本・フォーネット社

ISBN978-4-413-01956-9